表現アートセラピー入門
Expressive Arts Therapy

絵画・粘土・音楽・ドラマ・ダンス
などを通して

小野京子

誠信書房

はじめに……………

「表現アートセラピー」という言葉を初めて聞かれる方もいるでしょう。表現アートセラピーとは、さまざまな芸術表現を用いる心理療法のひとつで、欧米ではExpressive Arts Therapyと呼ばれ芸術療法の分野における新しい潮流として注目されています。

表現アートセラピーは、絵や**コラージュ**、粘土や造形といった視覚（ビジュアル）アートや、からだを使った表現、声や音楽、詩や散文、物語を書く、ドラマを演じるなどさまざまな表現を用いる統合的な芸術療法です。

表現アートセラピーでは、表現媒体をひとつに限定しません。自分が表現したいものを、時には絵や粘土で、また時にはからだを使って**ムーブメント**やダンスで表現します。また詩や文章、物語という形や、声や音楽、ドラマという形にもなります。また、ひとつの表現、たとえば絵に描かれたことを、ムーブメントで表現したり、さらに詩に表わしたりすることで、そのテーマを深めたり発展させたりします。

さまざまな媒体を使う心理療法のモデルとしては、子どもを対象とした心理療法として用いられる**遊戯療法**（**プレイセラピー**）があげられます。遊戯療法では、絵や箱庭、ごっこ遊び、歌う、楽器を鳴らす、踊る、儀式的な行為、物語を語るなどさまざまな表現が用いられます。ここにはまさに**アートセラピー**、**ドラマセラピー**、**ミュージックセラピー**、**ダンス・ムーブメントセラピー**、**文芸療法**など、すべての表現が時と場合により用いられています。子どもにとっては、すべての表現、様式《モダリティ》が自然に生じるからです。そして子どもにとっては、すべての表現は遊びであり、自分と世界とのかかわりなのです。その意味で表

コラージュ collage
フランス語で、糊付けすることを意味する。雑誌やパンフレットなどの既成のイメージをハサミで切り抜き、台紙の上で再構成し、糊付けする方法である。絵コラージュは、そこに絵なども一緒に描く。

ムーブメント
振りや型のない自由なからだの動き、身体動作。

遊戯療法（プレイセラピー）
子どもの心理療法では、いろいろな遊びや表現が取り入れられる。

アートセラピー
ビジュアルアート（絵や造形、粘土など）を用いる芸術療法。

ドラマセラピー（演劇療法）
ドラマ（演劇）を用いる芸術療法。

現アートセラピーは、大人のためのプレイセラピーと言えるかもしれません。私たち人間があらゆる表現媒体を用いるのは、ごく自然なことなのです。

　表現アートセラピーがすべての表現を用いる理由は、それぞれの表現が互いに刺激し合うことから相乗効果が生まれるということだけでなく、それらがもともと深く結びついているからです。昔から、祭りや儀式には、踊りがあれば、音楽や歌があり、衣装があり、装飾がありました。そしてそこからドラマやストーリーが生まれ、それが演じられました。あるいは詩が語られれば、音楽がつけられ、踊りとなり、物語として演じられたのです。表現は、密接に結びつき、互いに深め合い、サポートし合う性質をもっています。そして異なる表現は、心に異なる刺激と作用をもたらします。アフリカやオーストラリアなどの土着の部族では、人が「踊り」「歌」「物語を語る」「心地よい沈黙」のどれかひとつでも忘れることは、「**魂の喪失**」を意味するのだそうです。人が人間らしく生きるうえで、踊り、歌い、物語を語り、それを聞く、というような行為がいかに大切であるかを物語っています。そして彼らは、「表現しないこと」、すなわち「沈黙」も大切なこととみなしています。すべてを表現すればよいということではなく、時には沈黙し、人や自分の内面に耳を傾ける静かな時間が大切であることも銘記する必要があります。

　興味深いことに、表現アートセラピーを実践していると、子どものころの自分を思い出したり、子どものころの感覚と再びつながるという体験がよく起こります。埋もれていた創造性や、生き生きとした生命感を取り戻すときに、今も自分のなかに生きている「子どもの部分」と接触するのです。それは子ども返りするといった、単なる退行現象ではなく、成熟した大人のなかに「子どもの部分」を再び統合することです。理性や、現実に支

ミュージックセラピー（音楽療法）
音楽や歌を用いる芸術療法。

ダンス・ムーブメントセラピー
ダンスやムーブメントを用いる芸術療法。

文芸療法
詩や物語などを書くことによる芸術療法。

「魂の喪失」
ナタリー・ロジャーズは、著書『表現アートセラピー——創造性に開かれるプロセス』（小野京子・坂田裕子訳、誠信書房、二〇〇〇、六五‐六九ページ）の中で文化人類学者アンジェル・エリエンと対話し、このことを述べている。

配された心のなかに「柔軟性」や「創造性」「自発性」「みずみずしい感受性」などが賦活されることを意味します。

パーソン・センタード表現アートセラピー

私自身が表現アートセラピーの訓練を受けたのは、「パーソン・センタード・アプローチ」と呼ばれる概念にもとづいたナタリー・ロジャーズ（一九二八〜　）の研究所です。パーソン・センタード・アプローチは、**カール・ロジャーズ**が確立した心理療法（ロジャーズ派心理療法、来談者中心療法とも呼ばれています）で、個人を尊重し共感的に理解することに心を砕きます。**パーソン・センタード表現アートセラピー**では、作品の上手下手など、芸術的な価値を問わず、評価、分析、解釈を行ないません。どんな表現であれ、尊重し、大切なものとして扱っていきます。表現する人の主体的な体験を重視します。

このセラピーは、すべての人の潜在的成長力を信頼する人間性心理学にも基礎を置いています。表現した本人がその作品を一番理解する力があると考え、その人自らが気づき発見することを大切にします。そして心理的に安全な環境を提供することを第一に考え、表現を強いることもありません。表現アートセラピーといっても、さまざまな立場にもとづいたものがあります。本書における「表現アートセラピー」は、特に断りがない限り「パーソン・センタード表現アートセラピー」を指します。

表現アートセラピーの魅力

表現アートセラピーの魅力は、今までアートやダンスなど芸術と無縁だった人、自分は

カール・ロジャーズ
Carl Rogers
来談者中心療法（後にパーソン・センタード・アプローチ）を提唱し、カウンセリングに大きな影響を与えた心理学者。

パーソン・センタード表現療法研究所
ナタリー・ロジャーズが一九八四年にカリフォルニアのサンタローザに設立した。

絵が下手だと信じてきた人、詩やストーリーなど書いたことがない人であっても、絵を描いたり、からだを動かしたり、言葉を綴ることによって、自分自身と出会い、表現する喜びを体験できることです。表現アートセラピーにかかわっていると、芸術は芸術家だけのものでなく、すべての人が芸術家なのだということを実感させられます。もちろん洗練した芸術作品を作るためには、技術の習得に加え自己の表現力を高めるための長期にわたる訓練が必要になるでしょう。しかし自分を表現し満足する行為、そしてそれを他者と分かち合ううえでは、技術はほとんど問題となりません。表現されたものが、たとえ一本のクレヨンの線であれ、指の小さな動きであれ、それだけで十分に自分を語り、人に伝えることができるからです。

そして自分を表現して人と分かち合いたいという衝動は、すべての人がもっています。日常生活では、言葉を通して私たちは人とかかわっています。自分をうまく伝えられなかったり、相手が聞いてくれなかったりすると落胆します。自分を伝え、理解されたいという欲求は、誰にでもあるものです。そして自分を伝える手段は言葉だけではありません。言葉と同じように、絵やムーブメント、音楽、詩など芸術的表現を通して自分を人に伝えることができます。そこでは知的なレベルでの交流や理解とは別な次元での交流が生まれます。

もちろん表現は、自分だけのためになされることもあります。人は表現することで、自分と出会い、自分の心を収め、受け入れ、理解することができます。表現は自分自身との対話とも言えます。またある人にとっては、表現はごく自然なものであって、生きることと表現はひとつのものであるかもしれません。

子どものとき私たちはみな自然に絵を描き、歌い、からだを動かし、遊びに熱中していたはずです。そうでなかった子どもがいるとしたら、そのほうが不自然です。そうやってみな自分を表現することを楽しんでいました。自分を表現するというよりも、そうやって世界と交流していたと言ったほうがよいでしょう。

その自然な営みを大人になるまで続けられる人は幸運です。たいてい、親を始めとする大人が、子どもの自然な表現に対して批判し、優劣をつけることで、子どもの表現の喜びは失われていきます。そして学校に通うようになると、表現に成績がつけられます。絵や歌は上手、下手で評価され、体育では運動能力によって評価され、私たちの純粋な表現の喜びは、どんどん隅のほうに追いやられ、いつの間にかどこかに消えてしまうことが多いのです。

絵が下手だから描けない、音符が読めないから歌えない、速く走れないし跳び箱を跳べないから運動が得意でない、と思い込んでしまった人は、絵を描く喜び、自由にからだを動かす喜び、歌を歌い、楽器を奏でる喜びをもはや享受できなくなってしまいます。表現は、そんなふうにして特別な人たちのものになりがちです。本来芸術は、すべての人が享受するものだったはずです。歌や踊り、そして物語は、かつて人が魂を失わずに生きるうえで大切な行為だったのですから。

表現アートセラピーは、自分が芸術とは縁がないと思っていた人びとにとって、すばらしい機会を提供します。それはかつての私自身にも当てはまることです。少しずつ、ありのままの自分を表現する自由を取り戻し、次第に表現する喜びを体験していけるようになります。

もちろん表現アートセラピーは、すでに芸術活動にかかわっている人たちにとっても、新たな活力やエネルギーを与えてくれます。表現技術や世間の評価へのこだわり、またスランプや精神的、身体的な不調から、自分の情熱が枯渇したように感じる時期が芸術家には訪れます。そんなとき、表現アートセラピーは本来の創造的源泉に触れさせてくれます。

そしていろいろな媒体で自分を表現するなかで、真実の自分に触れ、今まで無意識の隅に追いやっていた自分と出会い、それを自分の意識に統合するプロセスが生じます。自分が本当に感じていることに気づき、自分の感性、当の昔に忘れてしまった実感の世界、生き生きした感情、からだの感覚、みずみずしい生命の流れなどを取り戻すプロセスです。真実の自分とは、自分の中核です。それは自分にとっての本質的な部分です。「私は、誰だろう？ Who am I ?」という問いに悩まされるのが人間ですが、その問いに答えてくれるような、「これが私だ！」と確かに感じられる体験が、真実の自分との出会いです。表現する喜びとは、真実の自分自身との出会いであり、そんな自分との一体感にあるのではないでしょうか。

そして表現とは、閉ざされた作業ではなく、世界と交流し、世界を発見し、それを他者と分かち合う行為です。作品を作るというプロセスのなかでは、自分の存在や人生の意味や意義を見出していく作業が行なわれます。作品や表現は自分や人生を映し出します。そして人はそこに自分や人生の意味を読み取るのです。そこから生まれる対話や他人との分かち合いを通じて、より豊かな意味が見出されていきます。**エリノア・ウルマン**は、「アートとは自己と世界を発見し、その両者の関係を打ち立てる手段であり、内的世界と外的な世界が出会う地平となる」と述べています。まさにいかなる表現も自己と世界を発

エリノア・ウルマン
Elinor Ulman
J. A. Rubin: Art *Therapy: an introduction.* : Brunner / Mazel 1999, P69 の中でRubin はウルマンのこの言葉を引用している。

見する媒体となり、自己と世界を繋ぐ橋となるものです。

また、創造活動に没頭することは、大きな満足感をもたらします。「集中」は「夢中」となり、雑事が頭を離れていきます。この時間は貴重です。そのあいだに人は自己の無意識（未知の世界）へ旅をし、そこから何か大切なメッセージ、そして新鮮なエネルギーを持ち帰るのです。言い換えると、それぞれの表現（絵やムーブメント、詩など）にエネルギーやメッセージを収めて持ち帰ってくるのです。表現自体が未知なるものの容器《うつわ》となり、冒険からのみやげ物となります。

このように表現や創造的な活動は、人が自己の内的資源（リソース）に触れ、それを活性化するうえで大きな効果をあげます。子どものころにすべての人がもっていた、人生を楽しむ能力、遊び心、喜び、躍動、興味、好奇心、新鮮な驚き、といったものを再び自分に取り戻す機会を与えてくれます。なぜなら絵を描くことや、ムーブメントやダンス、歌や音楽、詩や物語は、私たちにとって自然な衝動だからです。それは私たちの基本的な欲求と言ってよいでしょう。そしてそれらの行為は、私たちのなかの生き生きとした生命の流れに触れさせてくれるのです。

私はこれまで何百人という人たちと、この表現アートセラピーを通してかかわってきました。初めは表現に対して苦手意識をもったり、劣等感や葛藤を感じる人もいます。しかし、表現の自由が保障され、表現が評価されず、批判や分析がない安全な環境で受け入れられるということがわかると、不安や防衛は解かれ、人は表現する喜びで輝き出します。こうした場面を私は繰り返し見てきました。表現によって人びとが自分自身を謳歌し喜びに輝く瞬間に立ち会うことを通して、私はすべての人は芸術家であるという確信を日々強めています。

表現アートセラピー入門
——絵画・粘土・音楽・ドラマ・ダンスなどを通して

もくじ

Part 2

表現アートセラピーにおけるさまざまな表現様式

Part 3

表現アートセラピーの特徴と関連領域

Part 1 なぜ表現アートセラピーなのか

――事例から

1 表現アートセラピーとの出会い

私にとっての表現アートセラピーは、「人の内なる豊かさに気づかせてくれるもの」「人がみなすばらしい個性と創造性をもっていると確信させてくれるもの」です。「私は誰なのだろう?」「どんな人間なのだろう?」という問いに答えて、内面の豊かな世界、人がみなもっている潜在力、可能性、生命力を示してくれます。頭で考える「私は、こういう人間」という、狭い定義を超えて、小さな子どものころ自分がもっていた、豊かな想像力、創造性、好奇心、興奮、集中力、直観力を蘇らせてくれます。「これが自分」という小さな思い込みの域を超えた自分に出会わせてくれるのが、私にとっての表現アートセラピーなのです。

私が表現アートセラピーと出会ったのは三十代半ばです。いろいろな心理療法を学びたくて、アメリカに留学したのは二十代でした。そのときには自分にぴったりくる心理療法には出会えませんでした。一対一のカウンセリングも含めていろいろなセラピーを体験しましたが、自分が癒やされ、成長する実感がなかなかもてませんでした。三十代になって、この表現アートセラピーに出会い、自分が癒やされ変化していくのを実感しました。

ナタリー・ロジャーズが創設したパーソン・センタード表現療法研究所でのワークショップに私が初めて参加したのは一九八八年の夏でした。それは、十日間の表現アートセラピーの集中ワークショップで、そのあいだに、自分の中から、思わぬ詩や絵、粘土の作品、そしてムーブメントや音《サウンド》、声の表現が湧いてきました。それらは作ろうと思って作ったわけではなく、自然に私の中から湧いてきたものです。研究所でのワークショップでは「さあ、何でもいいから作ってみましょう」というやり方ではなく、リラクセーションや遊びから入り、今の自分のからだや心を感じながら、自分の中に入っていく導入がなされ、テーマや課題が与えられました。ごく自然に自分の内界への旅が始められるように工夫されています。研究所で初めてワークショップに参加したとき、日ごろあまり感じられなかった自分の生命力、生き生きとしたエネルギーに触れることができ、長い間失っていた本来の自分を取り戻す作業が始まりました。その十日間のワークショップに対する私のイメージは、「からだの中の、長い間日の当たらなかった部分に太陽の光をたっぷりあてる」「今まで閉じていたドアが開いてゆく」というものでした。そしてそのドアの向こうに自分の創造性が顔を出しました。

自分の中にあると思っていなかったエネルギーや情熱、静けさ、そして大地に根ざした粘り強さと出会い、また繊細さや寂しさ、悲しみ、孤独とも出会いました。怒りや恐れ、暗さにも直面しました。積極的に行動したい自分と、隠れていたい自分も発見しました。「自分はこんな人間」と、頭で思っていた以上の深さと広がりをもった自分に出会うことができました。そして何よりも「表現したい強い欲求」が自分にありました。そしてその表現を通して人とつながりたい、という強い思いがあったのは、自分でも驚きました。

興味深かったのは、表現アートセラピーでは、いままで思ってもない自分が表現されることでした。私の場合は、いままで感じたことのないような肯定的な側面に触れることができたのです。その体験は、同じ悩みの迷路、言葉の迷路をぐるぐると回り続けて出られなかった当時の私に突破口を与えてくれました。長いこと自分の心の奥にしまいこまれ、出てこられなかった肯定的なエネルギーに回路が与えられたようです。それは、子どものころはみな豊かにもっていたものなのでしょう。

言葉のみで自分を語り表現するときには、いつも同じ言葉ばかりが浮かんできます。たとえば自分の問題が、「寂しさ」であるとすると、毎回「寂しさ」が語られ、「寂しい」という言葉が使われます。そしてその言葉によって逆に自分を縛ってしまうということも生じやすいのです。しかし、絵やからだの動きでその「寂しさ」を表現するとすれば、毎回同じ表現をすることは不可能です。非言語的な表現は、言葉以上の情報を伝達します。非言語的な表現のすばらしさは、私たちの心やからだがいつも変化していることを実感できる点なのです。また同じ言葉であっても、「詩や物語」のような文学的な言葉は、普段使う直線的、直接的な言葉と異なり、心の中の豊かなイメージやシンボルを伝えることができます。そのような表現をすれば、毎回微妙な変化を感じ取ることができます。

評価されず、分析解釈もされず、表現の上手下手が問われない安全な環境におかれ、自由に表現することを奨励されると、真実の自分が顔を出します。「私は今何を感じている？　心の中には何がある？　からだはどんな感じ？——ありのままの自分と出会うとき、そしてその自分を表現するとき、人は自分との一体感を体験します。私にとってそれは、長い間忘れていた懐かしい友だちと再会したようでした。縮こまっていたエネルギーが再びのびのびと解放され、命を取り戻し、心とからだの中を新鮮な風が吹いていくような体験でした。

アートやムーブメント、詩などが人の心の中の真実を表現したとき、表現の内容が何であれ、見る者は心打たれ感動します。表現に「良い、悪い」はありません。それがたとえ醜いと思われているものや、一般的に否定的な感情とされている、怒りや嫉妬、憎しみ、悲しみ、痛みを表現したものであっても、です。作品に心動かされることと、技術の上手下手とは関係がありません。芸術的な価値にも関係がありません。その人の体験している、感じている、生きている現実、真実であるから心を打たれるのでしょう。そしてそこに人は、技術とは別な意味の「美」を感じるのです。

それまで私は芸術とはあまり縁のない人間だと思ってきました。ずっと自分は絵が下手だと思っていましたし、美術や音楽の成績は決してよくありませんでした。自分のなかではかなり劣等感を感じていて、「絵は下手だし、音符は読めない、そのうえ運動も不得意」とずっと思ってきました。そんな私でしたが表現アートセラピーで、初めて表現することの喜びや満足感を感じました。

上手下手に関係なく、自分を表現できたときの喜びは、とても大きいものでした。自分の感じていること、体験した感覚や感動をそのままに表現できたときの満足感、充足感は、それまであまり味わったことのないものでした。そして表現することで自分自身について新たな発見をし、自己の内面とつながることができ、自分を実感できる確かさに大きな感銘を受けました。

表現アートセラピーで自分を実感する体験を、こんなふうに表現した人がいます。「今まで自分のなかが空っぽで、そこに誰もいない感じでした。それが表現アートセラピーで自分を表現したとき、そこに確かに誰かがいるのを実感しました。その誰かとは私自身なのですけれど。そこに確実に自分がいると実感できたのです。もう私は空っぽではないのです」と。

家庭や学校で、絵や歌、踊りなどのいろいろな表現が批判され、指導され、評価されたために、すっかり表現することに萎縮してしまう人びとがいます。何を表現したいかもよくわからなくなり、表現する喜びさえいつの間にか忘れてしまうのです。そのうちに自分が何を感じているかさえわからなくなります。芸術表現のみならず、いろいろな場面で人と比較され、与えられた課題をこなすことを求められる現代社会では、自分自身との接点を失いがちです。

表現アートセラピーの特質は、表現することで自分自身の内界、真実の自己、自己の本質に触れることができる点です。自分自身への架け橋ができるのです。そしてそれと同時に、その表現を分かち合うことを通して他の人との架け橋ができます。つまり表現は、自己と他者、内界と外界へ二重の架け橋をかけるのです。

　私自身は十日間の表現アートセラピーの研修に参加して、表現することで得られる自己との一体感、そして他者との一体感、そして自然や宇宙というものとの一体感も体験した気がします。古代から、踊りや歌、祭りなどは、私たちの命の表現であり、自然や宇宙、神仏、そして一緒に生活する人びとと一体感を味わう大切な機会であったはずです。残念ながら現代社会に生きている私たちには、そういうものを体験する機会が少なくなっています。現代社会で体験しにくくなっている、自己の内面との交流、そして世界や他者との交流、一体感を促進するのも表現アートセラピーの特性と言えます。そしてそのプロセスのなかで自己発見や自己成長、他者に対する共感、畏敬の念がはぐくまれます。

　いま私が述べてきたことは、もちろんすべての芸術療法に共通することです。そしてそれぞれの芸術や芸術療法には、一生かかっても知り尽くせない深みがあると思います。その深みや専門性を尊重したいと思います。そしてすべての心理療法に言えることですが、すべての人に合う万能療法はありません。

　私は、私自身が体験し観察したことしか述べられませんが、表現アートセラピーという、すべての媒体での表現が許される環境を与えられて感じたことは、そのときにぴったりくる表現媒体を選べる奥行きの広さでした。そしていくつかの違う媒体で表現していくことで、よりはっきりと自分について気づくことができ、深い満足感を得ることができました。その体験は、たとえば絵だけを描いたのならば得られないようなものでしたし、ムーブメントだけでは得られないものでした。つまり、ムーブメントと絵など多様な媒体で表現したことで、深い体験になったと感じています。また音や音楽での体験は、全く新しい気づきをもたらし、ドラマでの気づきも自分の違う側面に光を当ててくれました。さらに詩や散文、物語を書くことにより新しい切り口で現実や自分を見ることができました。

パーソン・センタード表現療法研究所での体験

十日間のワークショップの参加者は三十名ほどで、学生、教師、カウンセラー、会社員、主婦など、職業はさまざまでした。ヨーロッパやメキシコ、南米などからも参加者があり、女性が過半数でした。

私がこのワークショップに参加した理由は、私が学んだアメリカの大学院での指導教官であるアート・ウォマス教授に勧められたからです。ウォマス教授は、アメリカ人間性心理学会の会長も務めた方で、ナタリー・ロジャーズとは友人でした。私に合っている療法ではないかと勧めてくれたのです。ナタリー・ロジャーズとは以前にもお会いしたことがありましたが、このような長い研修でお会いするのは初めてでした。

ナタリー・ロジャーズは、カール・ロジャーズの娘で、父ロジャーズのパーソン・センタード・アプローチを継承し、表現アートセラピーという文脈で自らの療法を発展させた人です。私自身大学時代の指導教官は、カール・ロジャーズから直接教えを受けた柘植明子先生でした。ですからパーソン・センタード・アプローチはなじみ深く、また深い信頼を置いており、安心して参加することができました。ただ自分は芸術にはあまり縁がない人間だと思っていたので、十日間もアート表現を行なう点に関して不安を抱いていました。

ワークショップが行なわれた場所は、サンフランシスコから車で一時間半ほど北上したガイザーヴィルという田舎町でした。ハイウェイの脇にある古い寮のような宿泊施設と、それに付随した古い劇場を使ってのワークショップでした。コンビニもスーパーマーケットも、人家さえないのです。近くで歩いて行けるのは、一軒のさびれたバーだけでした。「アイシス・オアシス」という名前の宿舎の敷地のなかには、ラマや孔雀などの動物も飼われていました。緑に囲まれたリラックスできる施設で、アメリカというよりは、どちらかというとエキゾチックな印象を受ける場所でした。スタッフを含めて四十名くらいのグループが、そこで寝食をともにしました。

参加者は着いた順に、自分の部屋を自由に選びました。そして受付でくじのようなものを引きました。私が引いたそれには葉っぱの絵が描かれていて、「葉っぱのホームグループ」に属することを意味しました。人数が多いため、四つか五つくらいのグループ（ホームグループ）が設定されていました。ときどきそのグループで集まる時間があり、自分に起こっていることを各グループ内で十分話し合い、そこでの経験を消化しサポートし合うようになっていたのです。他の参加者が芸術家ばかりだったらどうしようと思っていた私は、同じことを心配している人がほかにもいることを知り、安心しました。実際、参加者は先述した通り、芸術とはあまり関係ない分野の人がほとんどでした。

ワークショップが行なわれた「アイシス・オアシス」

十日間のうち、中休みが二日間くらいあり、そのほかは午前、午後、夜とだいたい一日

三セッション行なわれました。午後はセッションのほかに自由制作時間もあり、十日間アートセラピー漬けになりました。

参加する前は、「絵も下手だし、芸術的なことに親しんでいるわけでもないし、十日間もアートをするのに耐えられるだろうか」と内心心配でした。ですがナタリーを始めスタッフの温かいサポートと心理的に安心できる環境の中で、作品の出来栄えを心配することなく、そして今のありのままの自分から出てくるものを、いろいろな表現媒体で無理せず表現していくうちに、すばらしい自己発見のプロセスをもつことができました。

ワークショップの開始

セッションは、円陣（サークル）になって始まりました。これはワークショップが、講義形式ではなく、体験が中心であること、そしてここでは誰が上とか、教師であるという上下関係のないことを示しているという説明を後で受けました。十日間一緒に過ごすコミュニティなのだということが、この円になるという形式によって示されていました。

まず最初にこの**ワークショップのガイドライン**が示されました。ここで行なうエクササイズは、提案であって、強要されず、自分の内なる声にしたがい、やりたくないことは見ているだけでもよいし、教示されることを自分に合うように変えてもよいことが説明されました。もちろん絵の上手下手を評価されることはないし、分析や解釈もなされないことが前提になっています。そしてここで得た他の参加者に関する個人情報は、外へ漏

壁には参加者の作品が掲示された

らさない、という秘密保持について説明を受けました。

初めのセッションは自己紹介からです。名前を覚えるゲームから入り、ウォームアップとしてからだを動かすエクササイズをするうちに、緊張も解け、気持ちもリラックスしていきました。

続いて、簡単な絵を描くことが導入されました。左手（利き手でないほうの手）を使って、取りたい色のクレヨンを取って、気持ちのなせるままのなぐり描きです。具体的な絵でなくて、意味のない絵、ただ色を塗るだけ、線を描くだけでもよいという説明を受けました。これまで絵を描くときには「ちゃんとした絵」を描き、「実物そのままに写生」をしなくてはいけないと感じていた私や他の参加者は、この説明で救われました。左手を使うというやり方は、このワークショップを通して一貫して奨励されました。その理由は、「利き手でない手で描くと、誰もうまく描けないので、上手下手が気にならない。利き手はコントロールが利きすぎている」からです。たしかに利き手でない手のほうが自分を自由に表現しやすい気がしました。「手の動くままにまかせてみましょう」という言葉を何度も聞かされました。

絵を描いた後には、その絵を見てぴったりくる言葉や文章を書きました。そして作品を作った後は、必ず自分の作品について二、三人の人と語り合うシェアリング（分かち合い）の時間をもつのがこの研究所のやり方でした。話すうちにいろいろな気づきが得られ、気持ちが収められ

パーソン・センタード表現アートセラピーのワークショップにおけるガイドライン（指標）

①創造的な表現のための資源として、自分の感情に注意を向けましょう（気づきましょう）。
②自分自身のからだに注意を向けましょう（気づきましょう）。そして自分自身に気を配り、セルフケアをしましょう。
③すべての指示（インストラクション）は、提案です。それに従わない選択もあります。その判断はあなたに任されています。
④ここで行なうエクササイズは感情を刺激します。必要があれば泣いたり、大きな声を出すことが助けになります。
⑤もし見ていることを選ぶときは、グループのダイナミクスに注意を払い、他の人の体験を自分のことのように楽しんでみてください。他人に批判的にならないでください。
⑥このワークショップでのことは秘密保持でお願いします。

ていきます。自分の言葉で作品を人に語ることで、新たな発見が起こり、また体験が自分に統合されていきます。また分析や解釈でない相手からのフィードバックは新しい気づきをもたらしてくれました。ひとつのセッションは二、三時間で、最後にグループ全体でのシェアリングの時間ももたれました。

十日間のうちには、絵のほかに、粘土やコラージュ、ムーブメント、ドラマ、音楽や声を使ったさまざまなセッションがありました。

粘土のセッションでは、目を閉じながら粘土をこねて、「粘土がなりたい形」にしていきました。そして出来上がると、その作品が言葉を話すとしたらどんな言葉を話すかを文章で書いていきました。「自分がどう作ろう」ではなくて、「粘土がどのように形作って欲しいか」を感じ取るという発想の転換が面白く感じました。また粘土が言葉を話すとしたら、何を語るか、ということを言葉で書いてみると、意外にその粘土が今の自分のある側面を表わしていることを発見しました。

ムーブメントを行なうセッションでは、いろいろなからだの動きのエクササイズから入り、自分のムーブメントを行ないました。ムーブメントとは、決まった振りやダンスの型などがなく、今の自分が動きたいように、今の自分から出てくる動きを自由に行なうものです。どんなからだの動きもひとつの表現であって、上手に動くとか、上手に踊るとかが目的でないこと、今の自分にぴったりする動きであれば、指先を動かすだけでも立派なムーブメントであること、動かないこともひとつのムーブメントである

目を閉じながら粘土をこねて、「粘土がなりたい形」を感じ取る

ことなどが説明されました。そしてそのときの自分のなかから出てくる動きを追求していきます。そしてムーブメントの後に、絵を描いたり、粘土でさらに自己表現をしました。ひとつの媒体で表現した後で、続けて別の媒体で表現していく方法を、ナタリー・ロジャーズは、「クリエイティブ・コネクション」と呼んでいます。

またあるときは、声や楽器で表現したり、コスチュームをつけて、**ワーク**が行なわれました。そんなふうにいろいろな様式で自分を表現していくうちに、だんだんと今まで自分を抑えていた規制がとれていきます。そして自分のなかにテーマが浮上します。それは自分のなかに抱え込んでいた問題であったりします。非常に高揚する時間があるかと思えば、辛い気持ちと直面する時間もありました。それぞれの参加者がいろいろな体験をもつなか、それを支えるのがスタッフであり、仲間の参加者でした。高揚する体験を一緒に喜んでくれ、辛い気持ちを理解し、見守ってくれる環境があるからこそ、普段は開けない扉を開いてそのなかにあるものを自分のなかに統合できるのだと思いました。

私のなかの「オオカミ」との出会い

私にとって十日間のなかで一番印象に残っているものは、**イメージ誘導**で自分の守護動物に出会うセッションでした。そこでの体験は、私の自己イメージを変えるものとなりました。

あるセッションで、「トーテムアニマルと出会う」というイメージ誘導が行なわれました。トーテムアニマルとは、「守護動物」と訳せばよいのでしょうか。ネイティブアメリカンの部族の伝統によると、誰もが生まれたときから守護動物が決まっていて、人は一生

ワーク
自己探求のためのエクササイズやセッションを指す。

イメージ誘導
guided imagery
目を閉じて、想像のなかでイメージを視覚化していく方法。初めにリラクセーションを行なってから、テーマに応じて特定のイメージを誘導する。イメージワークと呼ばれることもある。テーマは、「守護動物と出会う」「自分の内なる子どもに出会う」「海のなかで宝物を探す」などいろいろなものがある。

その動物に守られ、その動物の知恵を学び人生に生かしていくのだそうです。

まず、イメージ誘導に入る前にウォームアップでいろいろな動物になりきってからだを動かし、鳴き声を出して部屋を動き回りました。参加者は、思い思いに部屋のなかを動いていきます。鳥が飛んでいるかのように動く人。魚のように泳いでいる人。地を這うヘビ、のそのそと歩くライオン、などなど人びとは思い思いの動物になって、その動きや鳴き声を真似していました。いろいろな動物になって動いてみると、その動物に応じてそれぞれ違う感情が私たちのなかに生まれます。鳥になってみると、とても自由で雄大な気持ちになりました。魚になってみると、水のなかで生き生きと泳ぎまわり、地上とは違った世界を感じます。地を這うヘビになり、着実に地面を肌で感じながら、ゆっくりと這ってゆくと、思考もスローダウンします。またライオンになってみるとプライドの高さ、高貴な感じを体験します。それだけでも普段の自分の体験の幅が、大きく広がります。動物のもつ個性、体現している性質、エッセンスを感じ取ることができました。

その後**ファシリテーター**は、イメージ誘導に私たちをいざないました。「大自然のなかで、その空気を感じて、風を感じて、大地を感じてみましょう。……そこにはいろいろな動物がいます。動物たちの動きが感じられます。そして動物たちの声も聞こえます。……今日の自分は何の動物なのでしょうか……動きが速い動物ですか……それともゆっくり動く動物ですか。からだは大きいですか……小さいですか……羽があるのでしょうか。飛べますか……または水のなかですか……（しばらく静かな時間）……その動物になったつもりでこの部屋を動いてみましょう」。

そうした教示の後、今日の自分にはどんな動物が一番ぴったりするかを感じるため、

ファシリテーター（促進者）
ワークショップをリードし、安全な環境を提供し、参加者の成長を促進する役割を担う。

しばらく静かな時間をもちました。その日私に現れたのは、オオカミでした。一瞬とまどいました。なぜかというと、私はオオカミにあまりよいイメージをもっていなかったからです。童話のなかではいつも悪者で、悪賢く、貪欲。暗くて破壊的なイメージでした。でも写真などで見るオオカミの目がとても純粋だったことを思い出し、とりあえずオオカミになってみることにしました。他の参加者も自分に訪れた動物になって動き始めます。

オオカミになってみると、不思議なことにからだ中に野生の力を感じました。野生の血が騒ぐとでもいうのでしょうか、走らずにはいられないのです。森のなかにいるイメージが湧いてきました。それも夜の森です。イメージのなかの森をひた走りに走りました。オオカミになった私は部屋中を所狭しと走っていました。頭は空っぽです。森を走り抜ける快感が私のからだを包みます。そしてとてもすがすがしい感覚を覚えました。イメージのなかで空には満月が出ていて、いつの間にか湖のほとりにたどり着いていました。月がとても懐かしく感じられ、月はやさしく森と湖そしてオオカミを照らしていました。

筆者が描いた、夜の森をひた走るオオカミ

次第に、私は月にもっと近づきたい、月とひとつになりたいという気持ちになっていきました。そして、月に向かって遠吠えをせずにはいられませんでした。「懐かしい、懐かしい、お月様……」とでも言いたい気持ちで。そして遠吠えをしている私は、熱い思いのなかに静かな満足感を感じていました。一人ぼっちでオオカミは森を走り、湖のほとりで月に向かって遠吠えをしていました。

しかし、そのときオオカミだった私は寂しくはありませんでした。なぜかといえば、オオカミの本性を生きていたからです。森をひた走りに走り、月に向かって遠吠えをしているオオカミは、自然と一体になっていました。孤独といえば孤独ですが、寂しさやむなしさとは無縁でした。オオカミの力強さ、熱い血、そして静かな心を私は自分のもののように体験したのです。

これらはすべて私が体験したことで、私の心の投影ですが、私はオオカミになることで、それらの感情や感覚を確かに私のからだと心、魂で感じることができました。この体験を通して私は、「寂しくない孤独」を味わいました。孤独であるけれども、一人ぼっちでも孤立しているのでもなく、寂しくもなく、むなしくもない状態を実感したのです。

この孤独は、**クラーク・ムスターカス**の述べている、「孤独」(solitude)と言えるでしょう。ムスターカスは、孤独(solitude)と寂しさ(loneliness)を区別し、ポール・ティリッヒによる解釈を引き合いに出しています。「英語の寂しさ(loneliness)と孤独(solitude)の二語は、人間が一人であること(aloneness)の二面性を表現し、前者は一人でいることの痛みを表わし、後者は一人でいることの喜びを表わすための言葉である」と述べています。

この体験が私にとって深い意味をもったのは、私が長い間「寂しさのテーマ」を抱えていたからです。他人から孤立した感じや、寂しさや空虚感が十代や二十代の私を悩ませていました。私にとっては、ムスターカスの述べている「孤立していない孤独」や「寂しくもなく、むなしくもない孤独」は、頭では理解できるけれども、なかなか体験できないこ

クラーク・E・ムスターカス
『愛と孤独』片岡康・東山紘久訳、創元社、一九八四。(Clark E.Moustakas: *Loneliness and Love*. Prentice Hall,Inc.1972)

とでした。

ところがオオカミになることで、この感情や状態を実感することができました。孤独でありながら力強く、すがすがしく、自然と一体になっている状態です。そしてそこには深い満足感と躍動感がありました。私の狭い体験の枠を超えて、私にとって貴重な「孤独」のひとつの側面を感じさせてくれたセッションでした。

その体験は、私のなかの「寂しさ」に新しい意味づけや枠づけ、深みを与えてくれました。寂しさは、忌み嫌い、捨て去るべきものではなく、味わい、そこから強さを引き出し得る源泉となることを示してくれました。寂しさの新しい可能性、私がエネルギーを引き出すことのできる肯定的体験、準拠点をそのセッションは提供してくれました。

そしてその後、参加者は自分の体験を絵にしました。私はそのオオカミの絵を描き終えて、とてもうれしく感じました。描いたのはオオカミが森を走る絵と、オオカミが月に向かって吠えている二枚の絵です。技術的には稚拙な絵ですが、私の体験のいくばくかをそこで表現することができ満足しました。絵を描く充足感は、それまで味わったことのない体験でした。いいえ、忘れていた体験と言ったほうがよいのかもしれません。

小さいころに私はよく絵を描いていた、と母が言っていたので、当時は楽しんで描いていたはずです。ですが学校の授業で絵を描くようになってから、その楽しみを失ってしまったようです。上手に描くこと、評価というものに楽しみを奪われてしまったのでしょう。絵を描くたびに失敗感を抱くようになってしまいました。

でもこのときは違っていました。私が体験した生き生きとした感じが少しだけ絵に表現できて、とても満足しました。その絵を見ると、そのときの体験が今でも蘇ります。そのときの体験が絵に込められているのです。

表現アートセラピーでは、頭で考えていることや期待とは全く違う体験が起こります。私はこのセッションで、「今日はオオカミと出会おう」などとはまったく考えていなかったのです。私の意識のなかでは、オオカミは否定的なイメージでした。しかし実際オオカミになって動いて体験したのは、生き生きとした野性、一人でいるということの力強さやすがすがしさでした。その体験は、寂しさや一人ということについての肯定的側面を私に教えてくれました。

そして「寂しがり屋の弱い私」という自己イメージが、「一人でも力強い私」へと変化する可能性が開かれたのです。もちろん実際に自己イメージが変化し定着するためには、このイメージを裏付けるような体験を積み重ねることが必要でしょうが。

ここでオオカミを分析的に解釈したとしても、たぶん私の抱えていた問題の一部は捉えられるでしょう。けれど、実際に体験したことの深み、そしてそこから私が学んだことからは、全く離れたものになってしまうでしょう。

このとき私は、動物になるというエクササイズを通して自分の意識や過去の体験を超えた、たぶん無意識の中にあった資源、つまり原始的なエネルギーとでもいうもの、自然な欲求や衝動というようなものに触れたのではないでしょうか。そうして自分の生命力、自然との一体感を感じることができ、今までの自分の体験の偏り（自己疎外や空虚感）の修正を図ることが

月に向かって吠えているオオカミ

できたと言えます。

表現アートセラピーは、固定化したセルフ・イメージや自己概念を緩め、活性化した新しい自己のイメージを形成する体験を提供します。

隠れていたい私

別のセッションでは、コスチュームをつけて自分の好きなキャラクター（たとえばシンデレラ、魔女、小人というように）になって部屋のなかを歩き、他のキャラクターと出会い、話したり、ドラマ風にかかわったりしました。部屋には、いろいろなお面やかつら、色とりどりのスカーフやドレス、衣裳などが用意されていました。思い思いのコスチュームをつけて、そのキャラクターになりきるのは、まるで子ども時代に戻ったように楽しい体験です。参加者は、セッションの時間以外にも気が向くとコスチュームをつけていました。

このセッションからも私は自分の意外な側面、思ってもない欲求を発見したのです。このとき私は黒いベールを何気なく手に取りました。そして頭からそれをかけてみました。ちょうど外国の未亡人がするように。そしてそのまま部屋を歩いてみました。すると不思議な感じを体験しました。心が妙に落ち着いてくるのです。それは自分を隠す、この世界から少し身を引いて距離を置く感じでした。こうして昔の人は、亡き人を悼み、自分の心の悲しみを表わし、心を癒やす時間をもったのでしょう。私はそのとき周りの世界から距離を置いて、自分の静かな時間をもちました。他の人は、悲しげに私に挨拶するだけで、私をそのまま放っておいてくれました。

私は元来内気なたちですが、アメリカに留学していたころ、自分をもっと表現し社交的に振る舞おうと努力をしました。「もっと自分を出さなくては、もっと話さなくては、表現しなくては、もっと社交的にならないと……」という思いが常にありました。自分の社交的な部分を開発するのは楽しいことでもありましたが、「自分をもっと出さなくてはいけない」と強迫的に思い込んでいたところがありました。

ところがこのセッションで私は、自分を出すのではなく、逆にベールで自分を隠しました。そのときに感じた安心感は、私を驚かせました。そして私のなかに「隠れていたい」という欲求があることに気づいたのです。隠れていることの安心感。私からはみんなのことを見ることができて、みんなからは私を見ることができない、その小気味よさ。私は隠れていながら、ほかの人たちを見ていることができる。そして私はそんなふうにその場にいることが許されている。小さい子がお母さんの後ろに隠れて、恥ずかしそうに、でも好奇心をもって知らない人を見ている、という感じでしょうか。そして他の参加者は、そんな私を温かく見守ってくれました。「隠れていてもオーケー」というメッセージを受け取ることができました。強迫的に自分をさらけ出さなくてもよいという安心感、たとえ内気でも私らしく居てよいという安心感を味わいました。それからはワークショップの中でときどき、ベールをかぶり、隠れている快感を楽しみました。

その体験から私が学んだことは、自分の準備ができていないうちに表現を強いられることの弊害です。外界に興味をもちつつも、怖いという段階を通って、その次に自分が出ていきたいと思い、準備が整ったときに自分を表現することが、外界とのよい出会いとなるはずです。まだ怖がっているときに引きずり出されては、表現する喜びは損なわれてしまいます。それどころか、自分のペースや自分の感覚を感じる能力まで奪われてしまうことでしょう。たぶん私は小さいころ、充分隠れる体験ができていなかったのかもしれません。

この体験をした後で、参加者の一人がある絵を描きました。私はその絵にとても共感しました。それは、草原の草むらに隠れて、こちらを窺っているタイガーの絵でした。それは私の「隠れる」感覚に妙にぴったりくるものでした。後でそのことを彼女に話すと、彼女はその絵を私にプレゼントしてくれました。その絵は今も大切にとってあります。このような参加者間での**共時的**な出来事もよく見受けられました。

楽器での表現

このワークショップでは、いろいろな楽器が用意されていました。ドラム、パーカッション類、マラカス、カスタネット、笛、タンバリンなど。それらは、いつでも自由に使えるように部屋のコーナーに置かれています。みんなで思い思いの音を出し合うセッションもあります。

この表現アートセラピーのワークショップでは、私が考えていた自分とは異なる自分との出会いがありましたが、音楽や音で自分を表現したときも、自分のなかの非常に異なる二つの側面が浮き彫りになりました。

あるセッションで、私はドラムを叩きながらムーブメントをしました。ネイティブアメリカンのドラムでした。そしてドラムを叩きながら、地面との繋がりを感じ、自分の生命力を表現する踊りをしました。ドラムを叩くことで、自分のなかの生命力、活動的で陽

共時的
一〇〇ページ参照。

草原の草むらに隠れて、こちらを窺っているタイガーの絵を参加者の一人がプレゼントしてくれた

気、元気な自分が顔を出しました。

でもしばらくすると、それだけでは何かもの足りない感じがしました。私のなかのもうひとつの側面が「自分のことも忘れないで」と言っているようでした。その部分を表現するとしたら何だろうと考えると、小さな鈴のような気がしました。そこで鈴を手に取り、鳴らし始めました。それは、心に染み入る、凛とした響きでした。鈴を鳴らすときには、からだのムーブメントとしてはあまり大きな動きは出てきません。そっと床に腰を下ろして、鈴を鳴らしていました。少し寂しい気持ちになりますが、決して嫌な感じではありません。そうして鈴を鳴らしていると、またドラムを叩きたくなります。ドラムを叩いているとまた鈴を鳴らしたくなる、そんな感じでした。そんなふうに一時間ほどドラムと鈴の間を行ったり来たりしていました。

結局、最後までそのふたつの音は統合されないままでした。生命力に溢れ、大地と繋がった自分と、もう一人の静かで寂しい自分がふたつの楽器で表現されました。そんな自分の両方を大切にする必要があることに気づかされました。このセッションでは、音によって自分のなかの違う側面が顔を出し、それぞれが活性化される体験をしました。

自由

ワークショップでは詩も作りました。感じたものを言葉にして並べただけなので気恥ずかしいのですが、その当時の体験がうかがえるので紹介します。もともと英語で書いたものを日本語に訳しました。

内的世界を探求する
自由
絵や、ダンス、音や音楽、ライティング、
分かち合うことを通して

悲しみ、泣き、怒り、笑い、叫ぶ、
または沈黙する
自由

すべての感情と共にいる
自由

自分を表現する
自由

自分でいることが許される
自由

新しい人生、新しい空気が
私を訪れた

自分をかたくなに閉じていなくてもよいから
自分の中にあるものを恐れなくてよいから
内なるものに表現の形を与えるや否や
そこに何があるかを私は知る

知ることの力
自分自身と再び出会う

そこには仲間がいる
仲間との分かち合い
私は支えられ、深まる

そして新しい成長の扉が開かれた
やさしく、ゆっくりと

この詩を読むと、十日間のワークショップで、表現する自由を私が心から感じたことがうかがえます。自由に表現する環境を研究所のスタッフが守ってくれ、また私自身もそれを許すことができました。安心できる環境に置かれて、自分の心の扉を開け、本来の自分と繋がることができた気がします。

次に紹介する詩は、やはり同じときに作ったものです。自分のなかのどんなものも大切な自分の一部であることを実感して作った詩です。自分のなかのすべてのものに表現を与えることで、自分を確かめ、自己に統合することができます。自分で醜いと思っている部分や嫌いな部分を表現することさえも、その部分を受容し、それとやさしくかかわる出発点となります。自分のなかの嫌な部分を表現してみると、そんなに醜くないし嫌でもないと思え、別の良さが発見できます。

呪われたものへ

言葉にならないものに
声を与える

形にならないものに
形を与える

表現されてないものに
表現を与える

それらを
見、聴き、触れることで

力が与えられる

認めてないもの
無視していたものを
認める

非難されていたものを
祝福し

呪われていたものを
祝い

忘れられていた喜びを
歓迎し

深く隠されていた生命力と
再び繋がる

自分のなかの閉じられていた扉を開くことで、長い間忘れていた本来の自分や、生命力に溢れている自分などに出会いますが、もちろん危険も伴います。扉の向こうには、自分を圧倒した体験や強い感情も封じ込められているからです。それを再び統合するためには、多くのサポートが必要です。耳を傾けてくれるスタッフや他の参加者、分析や批判、助言などのないパーソン・センタードの環境が非常に重要となります。

私は、かつて自分が感じていた不安や恐怖が出てきたとき、それを絵にしたり、声やからだの動きで表現しました。絵にすることでそれと距離を保ち、また動くことでその感情が解放され次のものへと移っていくことができるからです。そして何より、そのプロセスを見守ってくれる仲間とスタッフの存在が大きかったと言えます。

この十日間で、私の絵のなかに繰り返し出てきたイメージがあります。それは、真っ赤なヒトデです。絵のなかに、この赤いヒトデが何回も出てきました。今考えると、このヒトデは私のなかの生命力や創造性を表わしていたのかもしれません。この十日間は、今までの自分の人生を振り返るよい機会になりました。そして自分の新しい可能性の扉を開いてくれたと感じています。それは長い間うずもれていた「表現できる私」との再会でした。自分が本来もっていた自発性、生命力に再び触れることができた十日間でした。

ナタリー・ロジャーズは、創造性と生きるエネルギー（ライフ・フォース）をほとんど同じものとして捉えています。私にとってもやはり創造性とは、生きる力であり、個性の表現です。自分自身と深く繋がり、自分に対する防衛や恐れ、不信感などに邪魔されず自分を表現するときに、私たちは自然に創造的になるのです。

2 表現アートセラピーの実際

こうして私はそれまで自分が求めていたセラピーに出会うことができました。一九九〇年に同研究所の**トレーニングコース**を卒業後、表現アートセラピーを日本に紹介し、その考え方を広めるべく活動を開始しました。現在年間を通じてさまざまな講座やワークショップを提供しています。二〇〇三年からは、アメリカの研究所と同じトレーニングが日本でも始まりました。

セッションは、半日、一日、週末二日間、一週間（宿泊）とさまざまです。ここでは、一日セッションを例にとります。一日のセッションは、午前十時から午後五時まで行なわれ、参加者はそのときにより十～二十人前後です。その日初めて会う参加者たちも多いので、午前中はからだを動かすウォームアップや自己紹介などを取り入れながら緊張をほぐし、少しずつ絵やからだを使った表現に導入していきます。午後は少しまとまった作品を作ります。

一日セッションに参加する方は、表現アートセラピーに興味をもっている、会社員、学生、主婦、教師、カウンセラー、臨床心理士などで、カウンセリングや心理学を現在勉強中という方も多いのですが、みなさん自分自身の癒やしや成長のために参加されています。

一日のセッションのテーマは、さまざまです。「創造性を開く」「感受性を磨く」「音や音楽と遊ぶ」「詩と遊ぶ」「自分のなかの男性性と女性性を探求する」というようなテーマ

パーソンセンタード表現アートセラピー・トレーニングコース
当時は一週間から一〇日間のコース（レベル1～4）が四回で卒業であったが、現在は七～八日間のコースが六回で卒業となっている。

であったり、「表現アートセラピーとライティング」「表現アートセラピーとムーブメント」というように、表現アートセラピーの表現媒体のなかのひとつかふたつを中心に行なうときもあります。

さて、表現アートセラピーは、実際に体験しないとなかなか内容が理解しにくいものです。表現アートセラピーの実際を知っていただくために、表現アートセラピーの日本における事例と、その様子を紹介します。

まずは実際の表現アートセラピーがどのようなものなのか、どのように進められていくものなのかを理解していただくために、グループセッションの様子を参加者の体験談を交

表現アートセラピーのワークショップにおけるテーマの例

【媒体を中心にしたワークショップ】

絵を中心に行なうセッション
粘土を中心に行なうセッション
ムーブメントを中心に行なうセッション
ライティングを中心に行なうセッション
コラージュを中心に行なうセッション
イメージワークを中心に行なうセッション
ドラマを中心に行なうセッション
立体や造形を中心に行なうセッション
ドラムを用いてのセッション
ハープを用いてのセッション

【テーマ中心によるワークショップ】

内なる情熱に触れる
自分のなかの子どもと出会おう
（子どもの生命力を取り戻す）
インナーチャイルドの癒やし
創造性を開く
感受性を磨く
音や音楽と遊ぶ
男性性と女性性を探る
からだの声を聞き、からだの知恵に触れる
神話、物語の世界：ストーリーの魅力
魂の言葉：詩と遊ぼう
自分のなかのマルチプリシティ（多様性）を探る
マスク（仮面）作り
アートによる葛藤解決

えながら紹介します。（3）では表現アートセラピーを継続的、または単発で受けることがどのような体験を生み、変化が生じるかを、ふたつの事例を通して述べます。ここではグループの流れや実際のエクササイズに焦点が当てられるのに対して、（3）では個人が表現アートセラピーを通してどのように変化していくのかに焦点を当てていきます。

そのなかで実際の参加者の作品（文章や、詩、物語や絵など）も紹介します。作品はいわばそのときの自分の内的世界からの贈り物ですので、本人にとって非常に意味があるものです。ですから、さらに作品はそれを作ったときの環境やその場の流れに深く結びついたものです。ですから、そこからひとつの作品だけを取り出すと、そのときの参加者の体験や感動、またその場にいた者が受けた印象や感動はそのままに伝わらないことがあります。その点に留意しながら、できるだけ参加者の体験がありのままに浮かび上がるようにしたいと思います。

そして読者の方々も上手下手などの判断を脇に置き、分析を差し控えて、それぞれの人の内なる旅の同伴者となってくださるようにお願いします。

また、表現アートセラピーを提供する場合には、提供する側（ファシリテーターやセラピスト）が表現アートセラピーを充分体験し、トレーニングを受けている必要があります。提供する側の充分な準備なしに、エクササイズの内容のみを用いることは慎んでくださるようお願いいたします。なぜなら効果が高いものは、それだけ強烈な体験を引き起こすため、万が一クライエントにそのような反応が現れた場合など、訓練されたセラピストの対応が必要となるからです。

ある表現アートセラピーの一日

次に、セッションの様子を、参加者の体験記に私の説明を加えながら順を追って詳しく述べていきます。読者の皆さんは読みながら、実際にご自分でエクササイズを試してみてください。

自分のなかの子どもと出会おう

初めに紹介するセッションのテーマは、「自分のなかの子どもと出会おう」です。自分のなかの子どもの部分、生き生きした子どものころの感受性、創造力、生命力を取り戻し、自分に統合することを目的にしたものです。

セッション開始時には、まずガイドラインをお話しします。つまり「ここでは私が言うことは提案であり、強制ではありませんので、やりたくないことは見ているだけでもよいのです。ここでの表現は上手下手を問わず、評価も分析もされません。参加者同士も評価や分析はしません。そしてここで知りえた個人の秘密は守るようにしてください」というルールを確認してからセッションを始めます。

そして参加者の緊張を解くために、自己紹介的なゲームやからだをほぐすウォームアップを初めに行ないます。からだがリラックスすること、参加者同士が少しずつ知り合って安心することが大切です。この日は、「歩く」というエクササイズから始めました。この単純な動作のなかで自分のからだを「感じ」「気づく」ことが可能です。歩きながらその日の自分のからだや気分について感じてもらい、からだの重いところや辛いところなどに注意を向けてもらいます。そして呼吸も重要なので、ゆったりと充分深い呼吸をしてもらいます。呼吸が深くなるとそれだけ、からだもリラックスします。

さらに初めて出会う参加者たちの緊張を緩めるために、言葉を使わず互いに視線を合わせて挨拶をしたり、からだの一部を使って挨拶をしてもらいます。このときはお互いの肘どうしを触れ合わせたり、肩を接触させ合って挨拶したり、身体接触を通してのかかわりを導入しました。言葉でないかかわりが、すでに始まっています。初めての人は少し戸惑いながらもからだで挨拶し、言葉ではない交流を楽しんでいる様子でした。

みんながリラックスしてきたところで、いろいろな人になって歩くというエクササイズ

Tさんが体験した
1日のセッションの流れ

【テーマ】

自分のなかの子どもと出会おう

10：00
からだを少し動かすなどの
ウォームアップや簡単な自己紹介

10：40
絵を1枚描く（絵のウォームアップ）

11：00
描いた絵のシェアリング

11：20
子どものころを思い出して絵を描く

11：50
シェアリング

12：15
昼食休憩

13：30
ミラームーブメント
子どものころの遊び

14：00
子どものころの自分をマンダラアートで表現する

16：00
2人組で作品をシェアリングする

16：30
全体でのシェアリング、まとめ

17：00
終了

を行ないました。たとえば「貴婦人のように歩いてみましょう」と提案して、それぞれ貴婦人のイメージで歩いてみます。参加者にもアイデアを出してもらって、いろいろな人になったつもりで歩いてみました。この日は、「ビジネスマン、腰の曲がったおばあさん、チンピラ、おすもうさん」などでした。いろいろな人になってみると、自分のなかのいろいろな部分と接触することができます。たとえばビジネスマンのように日々忙しくしている自分、あたかも貴婦人のように優雅な気分であるときの自分、チンピラのように些細なことに腹を立てるときの自分、腰の曲がったおばあさんのように疲れている自分などに気がつきます。

演じるといっても、自分のイメージに沿ってそういう人が歩きそうな姿勢や身振りで歩くだけです。そのうちに、その日の自分の気分やからだの感じに気づいたり、最近の自分に思い至ったりします。そして他の人ともなじみ、からだも心もリラックスし始め、グループとしての安心感が作られていきます。

この日初めて表現アートセラピーのセッションに関西から参加した二十代前半の女性、Tさんが参加後に書いてくれた感想文を紹介します。

わたしにとって、実はこのセッションは初めて経験するものでした。東京という初めての土地。そして初めて会う人びと。しかしそういう状況下において私は、身体的にも、精神的にもとても良好でしたし、体の感じも、「緊張・不安」というよりも、「期待・興奮・歓喜」といったものでした。

はじめに、部屋中をいろいろなカタチで歩きまわったり（速く、ゆっくり、ビジネスマンのように、貴婦人のように、チンピラのように、腰の曲がったおばあさんのように、など)、身体のいろいろな部分(肘で、お尻で、膝でなど)で、互いに無言であいさつをしました。そのとき、かすかにわたしのなかにあった緊張のようなモノがときほぐされていくのがわかりました。

初めて会う人びとと一体になっていること、無言の応対(少しからだを触れ合わせたときに垣間見ることのできた、人懐っこい微笑みや、はにかみなど)、それはどれもわたしには胸がはずむような、こそばゆい、いい感じに感じられました。そんなふうな感情を感じながら、そんな感情を感じるプロセスを楽しむ機会をそういえば最近持っていないなあ、ということを感じながら、わたしはそのときを大いに楽しみました。

また、その一連のことをしている間、参加者の一人が、イスに座って、目をつぶっているのを目にしました。そのときわたしは、「ああ。これまでわたしはこんなふうに、自分に何をしてもいい、という環境を経験したことがあっただろうか」と思い、わたしたち個人の存在が、真に尊重されているんだ、と実感しました。

からだのウォームアップが終わると、まず一枚絵を描いてもらいました。絵のウォームアップです。「利き手でないほうの手(大体の人は左手)で今日一番ひかれる色のクレヨンを一本取ってみましょう。目を閉じて、クレヨンをもった手が動きたいように動かして、そのクレヨンでめちゃくちゃの線を描いてみてください。強さや弱さ、速さも今日の気分で描いてみましょう。こんな線を描いてやろうとか、こんなものを描こうとか思わないで、手の動くままに任せてみましょう」という教示をしました。目を閉じて線を自由に描いている時間は、みなまちまちです。手を動かす速度や線の強さ弱さも人それぞれです。みな思い思いの色のクレヨンを手に取り、目を閉じて手を動かしています。何かの気持ちをぶつけるように激しく手を動かす人、軽く紙の上にクレヨンを走らす人など、その人その人が今自分にぴったりくるやり方で、手を動かしています。

そして線が描けたら目を開けてもらい、「今度はその線を見ていると浮かび上がってくるもの、見えてくるもの、連想するものなどがありますか。それを描いていきましょう。好きな色を自由に何色使ってもいいですよ。子どものころのいたずら描きを思い出しながら楽しんで描いてみてください」と続けます。すぐに描かれた線の上に色を塗り始める人もいれば、描き出すまでにかなり時間をとっている人もいます。さっと仕上げてしまう人、次々と色を加えてなかなか終わらない人など、作業にかかる時間にも個人差があります。そして参加者が思い思いの表現をしている部屋のなかには、静かでいて、生き生きとした空気が流れています。

その一連の動きの後、一枚の画用紙とクレヨンが渡されました。さあこれからどうなるんだろう？　という期待を抱きながら、教示を待ちました。「自分が一番、気になる色を一本とって、利き腕でない腕で目を閉じて自分の思うままに描いてください」というような内容でしたが、その折々に、決してとってつけたようにではなく、本当に自然に、「正しいとか、間違いとかはない。わたしは決してその作品を批評したり、分析したりしない。絵の得手不得手は一切関係ない」というような感じのことを、静かで温かみのある声でつけ加えられていました。わたしはその言葉を聞いて、この表現アートの基本原則を思い出すことができました。そしてその結果、わたしは自由に何の抵抗もなく、ただ自分の気の向くままにクレヨンをすべらせることができました。目を閉じると、その前に動いていたときの感情が鮮明に感じられて、わたしはそのウキウキとした、不思議な、言葉で言い表わすことの困難な気持ちを代弁するかのようにクレヨンを画用紙の上で走らせました。

そしてその感情の高ぶりを表わすかのように、最後に描かれた横に伸びた線は他の線に比べて、ひときわ力が入ったのか、とても濃い赤い線でした。わたしはこの赤い線にとても惹かれて、その線に沿って、虹のようにいろいろな色を横に濃く塗っていきました。

最後にできたものは、なんとも形容しがたい、形のあるものではありませんでした。しかし、わたしにとってはとても意味深い作品にできあがりました。

絵が完成すると、その絵を見て思い浮かぶ言葉、ぴったりくる言葉をいくつか絵の裏に書いてもらいます。何回か絵を描いた後では、言葉だけでなく、詩や文章、ストーリーなど湧いてくるものを自由に書いてもらうこともあります（**フリーライティング**）。そこで出てくる言葉によって、その絵に含まれている感覚や感情、メッセージなどが言葉で捉えられ、絵を見て感じることからさらに洞察が深まります。

フリーライティング
思い浮かぶままに文体や文法を気にせずに、文章や詩などを書き綴る方法。

Tさんが描いた作品。自由にクレヨンを走らせた

その日のわたしのこころを象徴するかのように、その画用紙にはたくさんの色がありました。わたしにはそのとき、「明日・空気・楽しい」という三つの言葉がひらめきました。それはそのときの何もかもがわたしにとって目新しいもの、という感じが出たような気がします。また、初めに直感的に選んだ、一枚のカードの中心に大きな赤いチューリップがあったことと、初めに赤いクレヨンを取ったこと、そしてそのカードの色調とその描いた絵の色調が似ていたことは、どこかおかしな偶然の一致のように感じました。

彼女が述べている「初めに選んだ一枚のカード」というのは、その日のセッションの最初に、いろいろなカード（絵葉書）を見せてその中から今日惹かれるものを選んでもらったものです。選ぶカードを通してその日の自分を少し垣間見てもらうためです。

絵を描いて言葉を添えた後に、二人組になって自分の絵のシェアリングを行ないました。自分が絵を描いているときどう感じたか、仕上げてみてどう感じたか、自分についての気づきなどを語り合ってもらいました。シェアリングの前には、お互いの絵に関して分析や解釈は行なわないように注意をうながします。

この後もう一枚絵を描いてから昼食の休憩をとり、午後のセッションとなりました。子どものころを思い出して、印象に残っているもの、大切にしていたもの、場所などを

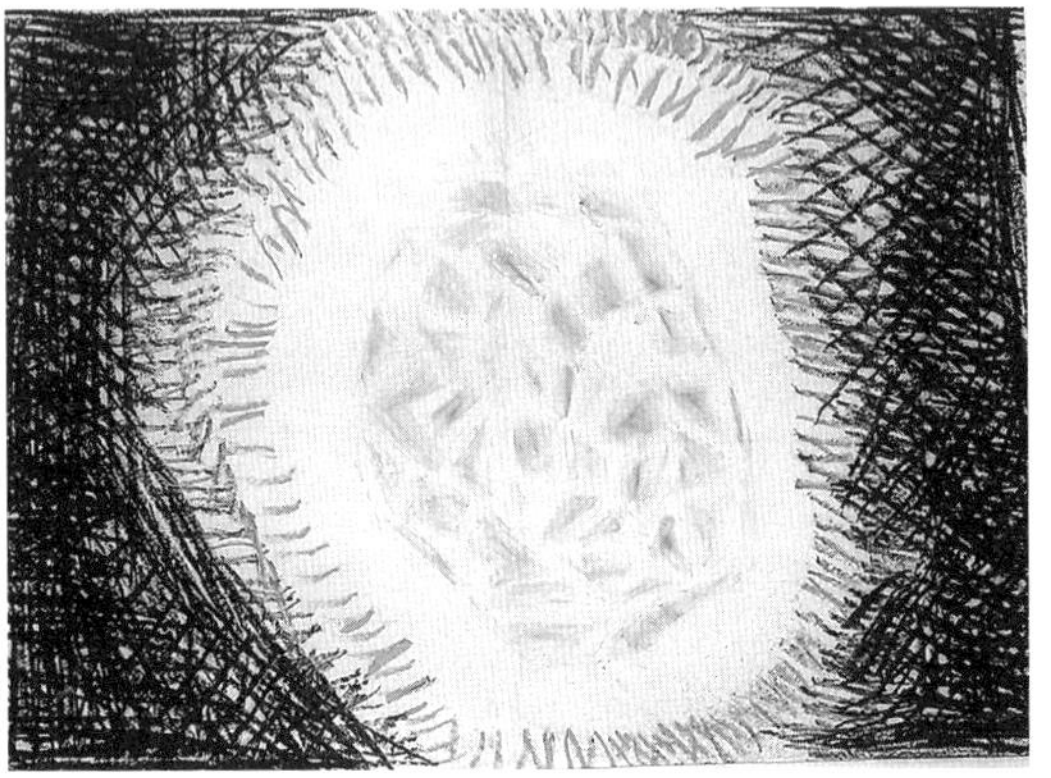
Tさんが子どもの頃をイメージして描いた作品

描きました。

まず目を閉じて子どものころをイメージした。そのとき、静かに、ゆっくりと暗闇のなかでささやかれる問いかけは、子どものころを顧みるのを促進させるように感じた。

しかしわたしは、子どものころの明確な思い出を鮮明に思い出すというよりは、子どものころにわたし自身が抱いていたと感じられる、ただなんとなく、おぼろげに感じられる感覚を思い出した。その言語化できない、なんとなく感じられるものを感じながら、わたしは子どものころの自分を探し始めた。

午後は、またからだを動かすことから始めました。眠気を払い、からだの実感から次の制作に入れるようにします。お互いの動きを真似るミラームーブメントや、子どものころの遊びをしました。遊びは表現アートセラピーでは大切な要素です。遊びによって子どものころの感性や創造性を思い出すことができるからです。

ミラーダンス、ごっこ遊び。子どものころの自分と同化するように、そんな遊びに夢中になった。そういう、何かの遊びに夢中になるとき特有の感じは、感じなくなって久しいな、と感じた。そして今その遊びを心から楽しんだ自分に驚いてみたり、愛しく思ったりした。楽しんでいる間はただ夢中だった。

つづいて、自分の子どものころもっていた特性、個性などを、感じるままに表現してもらうため、**マンダラ**（曼荼羅）でそれを表わしてもらいました。「自分の心模様でもいいし、自分の特徴や性質を表現してもいいし、何でも出てくるままに作ってください。中心に何を置くか決めて、後は好きに発展させていきましょう」が教示です。その日はクレヨン、パステル、水彩のほかに毛糸やポプリ、色紙や**グリッター**などを用意しました。表現アートセラピーでは、結果として、具体的な絵より手が動くままに色と線で表わされた抽象的な絵で自分を表現することが多くなります。

描いたマンダラを見てみて、感じたことは、まずすべて意識して描いたわけでないのに後から、そういえばこれはこうなのかな？　あれはこうなのかも？　そうだ、そうなんだ、と感じられるものがたくさんあったこと。

たとえば、中心に据えた円は、自分の核なのだろう、と感じた瞬間、じゃあ、このわかりにくいこれはわたし自身を物語っているのかもしれない（私＝理解不能なもの）、幾重にもその円を囲む毛糸はそのままわたしはたくさんの防衛的な壁をもっているように感じること、そして「それ全体が〝目〟のように見える」と（シェアリングの相手から）聞いたとき、それ全体がわたし全体を表わすなら、わたしはその全存在自身でものを見たい、感じたいと願っているかもしれない。すべてでわたしを表わし、かつそれが流動的な感じがするものとわたしが感じたことと、その言葉をあわせると、わたしには、その見え方・見方さえも流動的つまり固定的でない、柔軟なものなのだろう。

マンダラ（曼荼羅）
もともとは仏教（密教）の思想を表現する図像。ユングは自己の象徴としてマンダラを捉えた。

グリッター
金色や銀色など光る粉状（金粉・銀粉）のアート材料。

しかしそれが〝わたし〟なのか、それとも〝わたしの欲求〟なのか、という問いが浮かんできた。わたしはそれ両方があてはまると、感じたがっているが、実はそうなりたい自分がいるだけで、今のわたし自身はそこまで柔軟的なものの見方を身に付けているとは言いがたいのかも知れないと感じた。

ひとつの作品に対するフィードバックは深くすればするほど、わたしはいろいろな気づきを得ることができたし、その感じを思う存分に体験することは、また新しい気づきや、変化を得る可能性を生むように感じた。

Tさんは、とても素直にオープンにこの日のエクササイズに臨んでくれ、その結果たくさんの気づきを得ました。表現アートセラピーの目指していることは、まさにTさんが自分の言葉で語ってくれたように、他者による解釈や分析からでなく、自らの表現から主体的に自分を発見し、吟味し、対話し、自分なりの発見や気づきを得ていくということです。また、仮に他者からの言葉があったとしても、それが分析や解釈（たとえば「紫は不安の象徴だ……」など）でなく、あくまで個人的な、批判ではないフィードバック（「私には、この絵が……のように見える」「こんな印象をもつ」「この部分がこんなふうに見える」など）であったとき、それはとても役立つものとなります。自分では全く気づかなかったことが、他の参加者のフィードバックによって気づいたり、自分の作品を読み解く鍵となったりします。そして自分の作品を

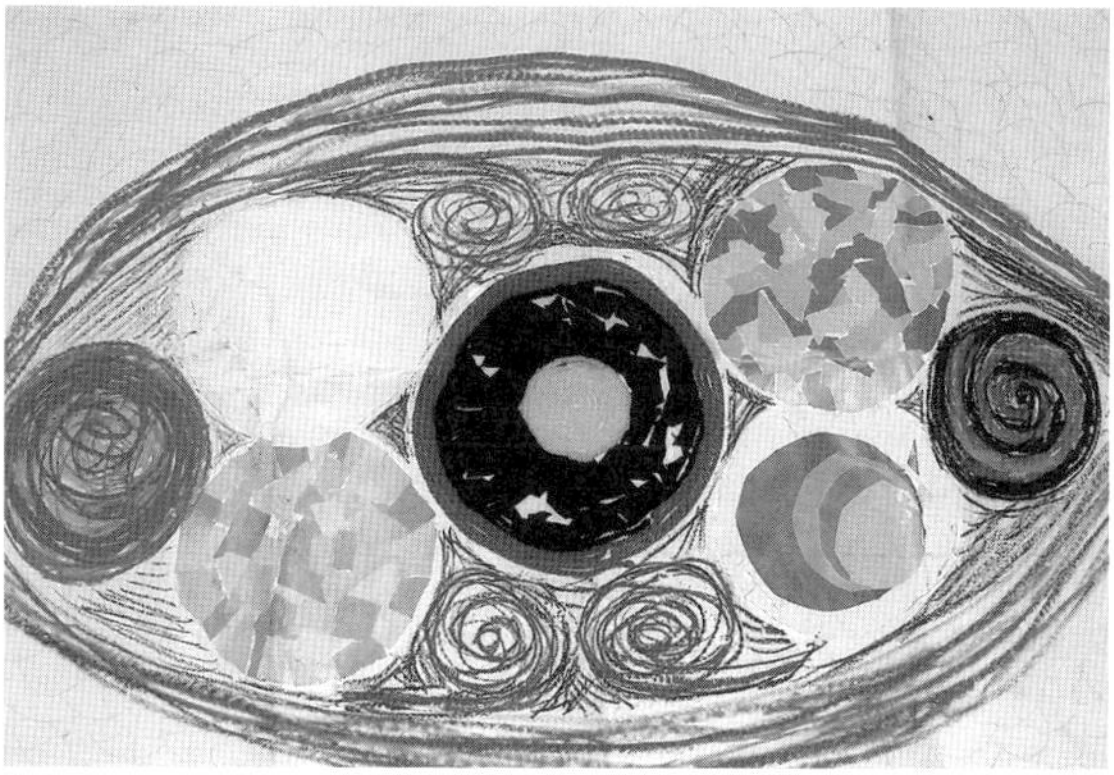

子どものころのイメージをマンダラに表わしてもらった（Tさんの作品）

通して自分が人に受け止められ、受け入れられる体験にもなります。Tさんのその日の感想にも、シェアリングが作品を作るのと同じくらい重要であったと述べられています。

作品作りに夢中になる体験

もう一人、三十代男性、Mさんの体験談を紹介します。実はこの方は夕刊紙にアートセラピーの体験記事を書きたいということで参加されました。まじめな気持ちで他の参加者と全く同じように参加してくださるという条件で、参加していただきました。他の参加者には取材であることは言わずに参加してもらい、終わった後で了承を得て記事になりました。前述のTさんの参加したセッションとは別のものですが、テーマは同じで、「子どものころの生命力を取り戻そう」でした。男性の体験例として紹介します。Mさんの場合、自分についての特別な発見というよりも、作品作りに夢中になり、子ども時代を懐かしく思い出すことで、心地よい解放感がもたらされたとのことでした。特別自分についての発見がなくても、楽しい時間がもて、夢中になり雑念を忘れるだけでも、心のエネルギーが充電される貴重な体験となります。

言葉でないもので自分を表現することで、子どものころ自分がもっていた創造力や、自由な発想や遊び心などが蘇った、とよく参加者から感想をもらいます。私自身も自由な表現によって、子どものころの生き生きした感性が自分に戻ってくる実感をもっています。この回では、後半、子どものころのことをより具体的に思い出すエクササイズを行ないました。

この回も初めはやはり、からだのウォームアップから入りました。二人組でお互いの背中やからだを軽く叩いたり、気持ちよい動きを真似る**ミラームーブメント**を行ないました。そしてその後で、好きな色を使って（何色でも）とにかく色で白い紙を埋める（塗る）というウォームアップの絵を描いてもらいました（この場合は目を閉じずに）。色をただ塗るということであれば、初めての参加者にとっても、上手下手にこだわらずに描くことができます。また何回か私たちのワークショップを体験している人にとっても、その日の自分を発見する上で大切なウォームアップになります。

一枚目ができたら、その絵を見てぴったりくるキーワードや短い言葉を書いてもらい、二人組か三人組でシェアリングを行ないました。自己紹介や、ミラームーブメントなどを

ミラームーブメント
相手の動きを鏡のように真似て動くエクササイズ。

Mさんが体験した
1日のセッションの流れ

【テーマ】
子どものころの生命力を取り戻そう

10：00
からだを少し動かすなどのウォームアップや簡単な自己紹介

10：30
絵を１枚描く（絵のウォームアップ）

10：50
描いた絵のシェアリング

11：20
子どものころ大切にしていたものや好きだった場所などを絵に描く

11：50
２人組で描いた絵のシェアリング

12：20
昼食休憩

13：35
からだを少し動かすエクササイズ

13：45
子ども時代を思い出すイメージ誘導後、セルフボックス制作

16：00
２、３人で作品のシェアリング

16：30
全体でのシェアリング

17：00
終了

何回か違う組み合わせで行なってもらうことで、グループ全体の親密感、安心感が生まれてきます。絵について新たな発見をする上で、またグループの安心感を作り上げるうえでもシェアリングは貴重な時間です。

小雪がちらつく冬のある日曜日の朝。若干緊張しつつ、セッションが開かれる会場のドアを叩くと、「おはようございます」とリーダーに明るく出迎えられた。部屋には男性六人、女性七人が車座になって座っている。年齢は二十代～五十代と幅広く、今日は普段より男性が多いという。

出されたハーブティーを飲んでいると、リーダーの合図でいよいよセラピーが始まった。軽く体操をしたり室内を歩き回ったりして、身体を弛緩させた後、画板と画用紙、そしてクレヨンが配られた。

「好きな色のクレヨンを手にとって好きに色を塗ってください。（自分の頭に浮かんだものを）利き腕と逆の手で描いてください」。

利き腕と逆!? ただでさえ絵心がない私はいきなり面食らった。何でも、頭でコントロールできる利き腕でないほうが、心のなかのものを素直に表現できるのだそうだ。

何も考えず、利き腕と逆の左手で、頭に浮かんだ色のクレヨンを握り、画用紙に描きなぐった。一枚に費やす時間はおよそ二十分。完成した絵は、光と暗闇が相対するような、自分でも何が何だかよくわからないシロモノだった。

次に小さいころ大切にしていたものや場所を思い出してもらい、それを絵にしてもらいました。具体的なものを思い出せないときは、子どものころのイメージを色と線で表現してもかまいません。

参加者は、子どものころかわいがっていたぬいぐるみやおもちゃ、好きだった場所や人などを絵にしました。そしてその後、絵をシェアリングするときに、好きだった食べ物、どんな遊びをしていたか、どんな友人と遊んだかなどを話し合ってもらいました。一枚の絵から子どものころのことが懐かしく思い起こされていきました。

リーダーの声が響く。

「今度は、同じように利き腕と逆の手で、子どものころ大切にしていたものや場所などを描いてください」。

一瞬思いを巡らせた後、頭に浮かんだのは、小さなころによく友だちと暗くなるまで遊んだ、近所の団地内にある芝生の広場だった。もう二十年は行っていない場所だ。自分でも意外な所が頭に浮かび、ちょっと面食らってしまう。

利き腕ではないので、線は真っ直ぐ書けないし、構図もズレてしまう。しかし、気にせずとにかくクレヨンを走らせた。灰色の団地の壁、それと対照的な緑の芝生、そしてオレンジ色の夕日……。人に見せるのも恥ずかしい一枚のヘタな絵ができあがったが、昔の思い出が鮮やかに蘇り、懐かしい気分になった。

午後は少しからだを動かした後、子どものころをさらに思い出すためのイメージ誘導を行ないました。イメージを浮かべやすくするために、まず目を閉じてからだ全身のリラクセーションから入りました。その後、リードする言葉に導かれて、心のスクリーンにイメージが浮かぶままにしてもらいます。イメージ誘導のときには、「ありありと映画を見るように映像が心に浮かばなくても、なんとなく感じるものがあればよい」ことを説明しておきます。

そしてゆっくりと次のような誘導を行ないました。「あなたはどんな子どもでしたか。……(間をおく)どんな遊びをよくしましたか。……(一、二分おく)……どんなことが好きだったのでしょうか。……夢中になって時間を忘れるようなときがありましたか。……好きな運動は何でしたか。……不思議な気持ちや好奇心をかきたてられたことがありましたか。……歌を歌うのが好きでしたか。……一番楽しかった思い出はなんでしょう。……どんなときにがっかりしましたか。……しばらく自由に子ども時代を思い出してみましょう。……子どものころの自分の特性、長所は何ですか。……子どものころの純粋さを思い出せますか。……」

このイメージ誘導をもとにして制作に入りました。こちらで用意した大小の箱のなかから、好きな大きさの箱を取ってもらい、内側に子ども時代の自分を、外側に大人の自分を表現してもらいました。クレヨンや絵の具、布やリボン、ポプリやビーズ、色紙などを自由に使って思い思いのものを作りました。この日参加者は、二時間近く夢中になってこの作業に取り組んでいました。

昼食休憩を挟んで、午後の部は、子どものころのイメージを頭に思い浮かべた後、色紙やビーズ、モール、布などを使って、小箱を飾り付ける作業だ。「箱の内側は子どものころのイメージで、外側は現在のイメージで飾り付けてください」。

約二時間、ハサミとノリを駆使し、頭のなかを真っ白にして「箱」作りに没頭する。こんなに夢中になってモノを作ったのはいつ以来だろう。できあがったのは、外側が新聞紙をコラージュ風に張りつけたモノトーンのイメージ、内側は芝生を敷き詰めたような緑の草原と青い空のイメージのものだった。……また芝生？　完成してから、再び芝生をイメージするものを作っていたことに気づいた。新聞という活字に追いかけられる現在の自分のなかに、常に緑や自然を渇望する自分がいるということなのだろうか……。

それにしても、五時間以上、制作作業に取り組んで心地よい疲労感があるのに、頭のなかはなぜかスッキリと冴え渡っていた。不思議な感覚である。

参加者ごとに、完成した小箱について感想を語り、質問を受けたりした後、セッションは終了した。その後、参加者に体験取材であることを明かし、参加した感想を聞いてみると、「作業をしているうちに、不思議なものを発見する喜びが出てきて、その勢いで作った。これを実生活でも生かしたい」「いつも〝○○しなきゃならない〟〝××でなければ〟ということに囚われ、自由な

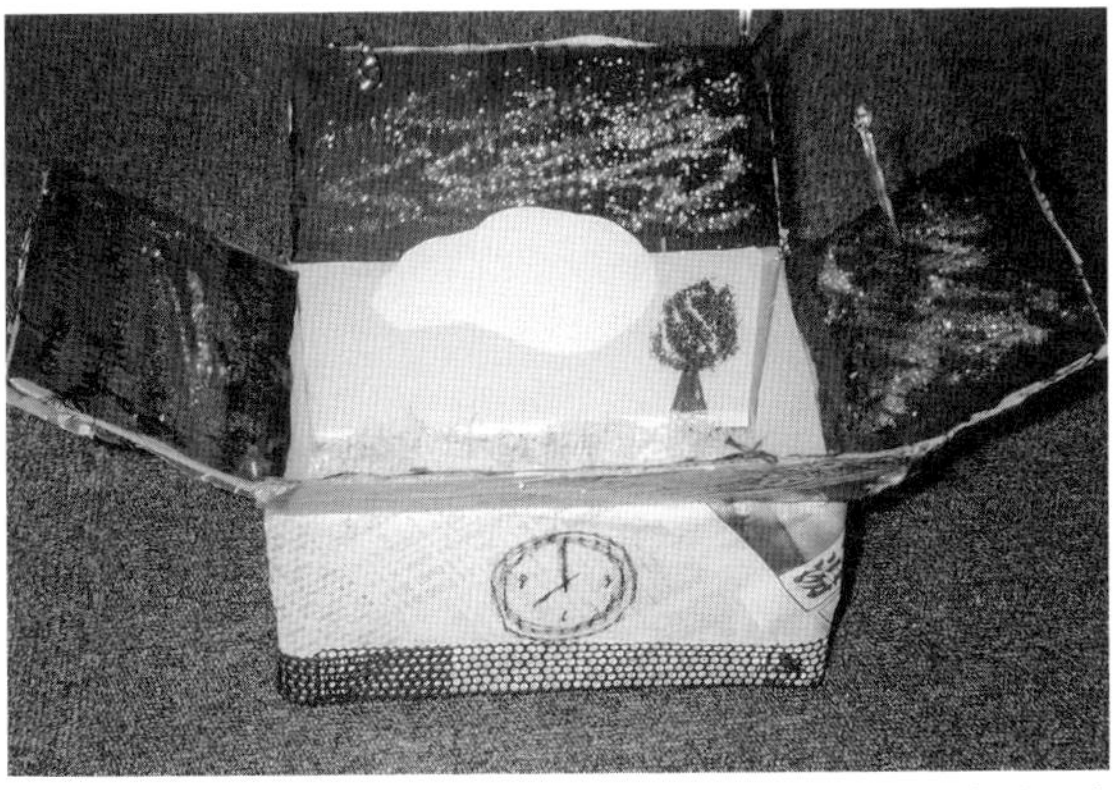

Mさんの作品。外側は今自分が他の人に見せている大人の部分、内側は子どものころの大切な自分

気持ちがなかったが、子どもの気持ちに戻って〝何だ、こういうことでいいのか〟と思えてきた」という声が返ってきた。なるほど、そういった気持ち、わかる気がする。

果たして一回出席しただけで〝子どものころの生命力〟を取り戻せたかどうかはわからない。何度か繰り返し参加すれば、もっと気づかされることがあるのだろう。仕事の一環とはいえ、自分にとって貴重な体験だったことは確かである。

できあがった作品は、さまざまでした。風呂敷で箱を包んでしまい、外からは全くなかが窺えないものや、外側のほうが派手で、なかはとてもシンプルなものもありました。大抵の人は、外側より内側のほうに時間をかけて、いろいろな宝物を散りばめていました。外側は今自分が他の人に見せている、大人の部分です。内側は子どものころの大切な自分、本質的な部分、自分のなかの宝物、などいろいろに見立てて箱を飾りつけました。

Mさんは、本当に一所懸命、夢中になって創作していたのが印象的でした。そして二枚目の絵では、団地の間の芝生を描いていましたが、この箱のなかも芝生でした。彼にとってその場所は、きっと特別な場所だったに違いありません。そして子どものころの自分と切っても切り離せないものなのでしょう。そしてその緑の芝生に悠々と座り、夕日を見ていたMさんの子ども時代が、とても身近に感じられ、作品を見て話を聴くこちら側も非常にリフレッシュしたのを覚えています。そしてそのころのMさんの夢はどんなものだったのだろうか、と思いをはせました。夢中になって創作した後にとてもすっきりした気分になった、と彼は語っています。日々の雑念を忘れて、夢中になって作品を作るという体験だけでも、ストレス解放やリフレッシュ体験となり得ます。

　表現アートセラピーに参加する方は、圧倒的に女性が多いのですが、この日は男性の参加者が、約半数ありました。男性は、女性よりも自分を表現したり、ありのままの自分を見せるのが苦手なようです。まず頭で考える傾向が強いようなので、なかなか感情や感覚に移入しにくい印象を受けます。しかし、ウォームアップを充分行ない、表現が上手、下手で判断されないこと、批判がないことを肌で感じてくると、少しずつ自分の内界へ入り、表現し始める姿が見られます。この日は、すでに何回か参加している男性も数名いたので、そういう方たちがありのままの自分を出していると、他の男性参加者も安心するようでした。思考ももちろんとても大切なものですが、感覚や感情ともつながることで、より全人的な自分に近づくことができます。

3　表現アートセラピーにおける自己回復と成長のプロセス

　次にパーソン・センタード表現アートセラピーを継続的に受けた二人の方のプロセスを紹介します。私は本書執筆にあたって、約一年の間に作った作品を一緒に見ながら、それぞれにインタビューしました。

　パーソン・センタード表現アートセラピーではセラピストが参加者の作品を分析解釈することはありません。しかしセラピスト個人がその作品に対して感じたことはフィードバックします。事例に関して私が述べることは、私が作者と作品を理解しようとする試みであって、それは作者が感じたこととは違う場合もあります。すなわち「Aを描くと……

の心理状態である」とか「B色を使うと……の傾向がある」というような**分析・解釈**はせず、「セラピスト自身が、この作品を見るとこのように感じる」というフィードバックを行なうのです。そういう形であれば、本人は「私の感じはそうではない」とか「そう言われるとそのような見方もできる」などと返すことができ、違う見方ではあるが自己理解のために参考になることも多いのです。

ここに書かれたことは、事例の当事者にも目を通してもらい、掲載ならびに私の加えた説明についても了承を得ました。これらの説明はご本人にとって参考になったとのことでした。

ADHDとの苦闘

Kさんは、**ADHD**（注意欠陥多動性障害）に長いあいだ苦しんできた二十代の女性です。彼女の場合は、正確には**ADD**（注意欠陥障害）です。ご本人曰く、中学生のころから物事に集中できず、要領が悪く、協調性がなく、人間関係が苦手であったそうです。学校でも孤立し、家でも自分のことは語らない子で、どこにも居場所がなく、高校生のころには、人が怖くて、外にいると人が襲ってくるのではないかと思い、ぶるぶる震えていたこともあったと語っています。朝は学校に行くのが怖く、学校でも浮いていたため、人にその苦しさを話せないとても辛い高校時代を過ごしました。うつ状態がそのころから始まっていました。何とか大学に進学しましたが、卒業後は、ずっと家に閉じこもる日々でした。数年前、『片づけられない女性たち』を読んで、自分もＡＤＨＤではないかと思い、いろいろなクリニックを受診しました。最終的に自分を理解してくれる医師に巡り会うことがで

分析・解釈
分析的方法論にもとづき、きちんとトレーニングを受けた者はむやみにクライエントに対して分析・解釈を加えることはないはずです。筆者は、トレーニングを積んだ者がクライエントを理解するうえで分析的手法を用いることに異を唱える訳ではなく、あまりにも安易になされる分析・解釈に対して危惧を抱いています。

ADHD
ＡＤＨＤは、注意欠陥多動性障害（Attention-Deficit/Hyperactivity Disorder）。脳神経学的な障害と考えられ、脳の神経学的な機能不全によって、情報をまとめたり注意を集中する能力がうまく働かないなどの症状が起こると考えられている。**ADD**は、多動性がみられないもの。

き、ＡＤＨＤと診断され自己回復のプロセスが始まりました。
Ｋさんが、私の行なっている表現アートセラピーのセッションに初めて来たのは、それからしばらくしてのことでした。一年近くほぼ毎回、表現アートセラピーのセッションに参加されました。トータルで一日セッションを十数回体験したことになります。表現アートセラピーでの彼女の体験とそのプロセスを追ってみます。

言葉では語れない自分

最初の一日セッションに参加した直後、Ｋさんは周りの人から「顔つきが変わった」「明るくなった」と言われたそうです。「言葉にできない自分を形にして表わすことで、自分を出すことができた。普段は相手がどう感じるかを気にして、なかなか自分の思っていることを口に出せなかったが、形にしてみるとそのまま相手に自分を出すことができた。人と触れ合わない生活が長かったが、人といて楽しいと感じられたのは久しぶりだった。そして安心して自分がいられる場所が見つかって安心した」と一回目の体験を語っています。

Ｋさんは、言葉で自分を表わそうとするとうまく語れないうえに、相手がどう思うかばかりが気になってしまい、なかなか自分のことが語れないことが悩みでした。しかし、表現アートセラピーでは、それが言葉のみならず絵であったり、からだの動きであったり、絵に添えられた言葉や文章であったりします。ですから、たとえＫさんが言葉でうまく説明できなくても、その表現されたもの自体がＫさんを語ることになります。他者に作品を見せるということは、自分自身を他者と分かち合うことです。そして作品が他者により尊重される（そのまま受け取られる）ということは、Kさん自身が尊重されるということになります。

Kさんは、言葉でない形で自分を表わし、それを人と分かち合うことで、自分のなかに今まで表現されずに溜め込んでいたものを少しずつ外に出すことができました。うまく話すとか、上手に説明する必要がない表現アートセラピーにおいて、ありのままの自分を人に見せ、そこでそのまま受け取ってもらう体験ができたのです。それによって、表情まで変化するということが起こったと思われます。彼女の場合は、一回の体験で大きな変化が起こりました。

荒涼とした砂漠を歩く

一回目のセッションのテーマは「自分の内なる男性性と女性性を探る」でした。自分のなかの男性的な側面（力強さやがんばる自分など）と、女性的な側面（優しい、受容的な自分など）を探るというもので、自分のなかの異なる側面を探求し統合するというねらいがありました。初めて表現アートセラピーを体験する方には、少し難しいテーマであったかもしれません。

一人の人間（男性であろうと女性であろうと）のなかには、男性的な部分と女性的な部分の両方が存在しています。そしてその両方がバランスよく発達し、支え合っていることが望ましいと考えられます。男性性と女性性を別の言葉でたとえれば、積極的に行動し、客観的に考えたり、判断したりしていく部分（男性性）と、受容的に受け取ったり、感情や感覚で感じ取ったり、休んだりという部分（女性性）と言えます。

この日もいつものようにウォームアップのエクササイズの後で、男性的と思われるからだの動きや女性的と思われるからだの動きを実際にしてみました。その後で自分のなかの男性的な部分と女性的な部分について、イメージを探求してもらいました。

その結果、Kさんは自分自身に対して「荒涼とした砂漠を歩く自分」というイメージを抱きました。このイメージはそのときのKさんを表わしていたのかもしれません。そしてそれと正反対の「豊かな大自然のなかで休み、エネルギーをもらう」というイメージも湧いてきたと言います。今の自分の状態を知り、また自分のなかの別な側面に気がつくという大切な体験をKさんはもちました。

男性性のイメージとして現れた「荒涼とした砂漠」とは、暗くて草木も生えていない場所をどこに向かったらよいのかわからず、石につまづきながら、手探りで歩いている自分でした。それは、まさにKさんの現実の状況を表わしているかのようです。

それに対して女性性として現れたイメージは、滝や沢があり水が流れていて、自然が溢れる、生命力を感じるイメージでした。男性性と女性性では、全く逆のイメージが彼女に湧いてきたのです。そこでは休んだり自然から栄養分を受け取ることができました。こちらの部分はKさんのなかに前から存在しているにもかかわらず、今まで気づいていなかった肯定的な資源と思われます。非常に苦しい場所と豊かで安らげる場所という正反対のイメージがKさんに浮かんできたのです。

両方のイメージを往き来しているときに、「男性性のムーブメントでは、どう進んでよいかわからず、暗いなかを手探りで、転びそうになって歩いている自分がいた。女性性のムーブメントでは、のどが渇いたときに水を差し出されてうるおった」とのことでした。

からだを使って動いたときに、確かな実感をともなって、「今の自分ってこんな感じで、自分のなかに両方の部分がある」ということを納得したそうです。

そして次に**二つの側面を統合するムーブメント**を行ないました。彼女が実感したのは、「生命力を感じながら、自分なりに進んでいけばいいのかな、ゆっくり進んでいこうかな」というものでした。このムーブメントを通して、自分のなかに二つの側面があることを納得し、「感情的にすっきりし、心を解放できた」と彼女は語っています。

この体験を通して、彼女に「生命力を感じながら、自分なりにゆっくり進む」という新たな人生の選択肢が生まれました。

長いあいだ押し込められていた感情

二回目のセッションは、「自分の子ども時代のことを思い出し、**インナーチャイルド**（子どものころの自分）を癒やす」がテーマでした。この回でのKさんの感想は、次のようなものでした。

> 自分の子ども時代を思い出し、自分も子どものころそれなりに悲しい思いをしていたのかなと感じた。子どものころ繰り返し読んでいた『りんごの園のミステリー』という本を思い出し、本の舞台だった果樹園に子どもの自分はあこがれていたのだと思った。そんな自然のなかでのびのびと生活したいと思っていたのだろうか。長いこと自分の気持ちを押し込めていたことに気づいた。それと同時に昔のことを思い出し、かなり落ち込んだ。今の自分を支えることも大変なのに、昔の自分

二つの側面を統合するムーブメント
まず二つの側面それぞれを動いてムーブメントで表現してみる。その後二つの側面を一緒に動いて統合する。統合されなくてもかまわない。

インナーチャイルド（内なる子ども）
大人になっても、子どものころの自分が心の奥に存在する。その部分を真の自己（リアルセルフ）と呼ぶ者もいる。子どもの自分が傷ついたままでいると喜びを感じられず、人生の可能性が狭められる。内なる子どもとの対話を通して心の傷を癒やすことが可能になる。（参考『内なる子どもを癒す——アダルトチルドレンの発見と回復』C・L・ウィットフィールド、斎藤学訳、誠信書房、一九九七。『インナーチャイルド——本当のあ

> まではまだ対処できない感じ。過去を思い出すと嫌悪感を覚えた。しかし自分は人から思われている以上に明るい部分があるのも発見した。

　現在の生きづらさや心の問題は、子どものころの体験、成育歴などに少なからず関係しています。回復や自己成長のうえで、過去の自分、子どものころの自分と再び出会い、その自分を理解し受け入れる作業は、回復のプロセスのなかで必ず起こってくることです。Kさんは、二回目のセッションのテーマが「子どものころの自分」であったので、必然的にその自分と向き合うことになりました。そこで発見されたのが、自分もかなり辛い思いをしていたこと、自分や自分の気持ちを語る場がなく、それをずっと抑え込んでいたということでした。そしてこの時期のKさんにとっては、まだ過去の自分を受け止めることは辛いことでした。それはKさんが語っているように、今の自分を支えるのが精一杯であったからと思われます。しかし不思議なことに全体の体験としては、「楽しく、ワークショップが終わったときにはすっきりした感じ」であったと彼女は述べています。そしてこの回で彼女は、「人からは暗いと言われるが、自分のなかにはかなり明るい部分がある」ということを発見しています。彼女にとって過去の自分と向き合うことは楽なことではありませんでしたが、それに圧倒されてしまうのではなく、肯定的な発見や気持ちの解放とともに、過去の自分を受け止めていこうとする姿が見られました。

　三回目は、二日間の連続セッションでした。自分のなかの創造性を探るのがテーマで、自分がどんなことに興味があるのか、どんな人生を生きたいと思っているのか、などを探った後で、石膏による仮面作りを行ないました。石膏で顔の型を取り、それが乾いてか

なたを取り戻す方法』J・ブラッドショー、新里里春監訳、NHK出版、二〇〇一。)

ら絵の具で色を塗り、装飾しました。

その仮面には、自分の二面性が出たと思う。そこには、「頭で考える自分」と、「感情で感じる自分」が表現されていた。感情を今まで押し殺していたのに気づいた。今まで感情を全く出さなかった。感情を置き忘れていたから、これからは感情的に自由にしてもいいかなと思った。それまでは、物事を固定観念で考えていたので、いろんなものが絡み合っていた気がする。このセッションの後から、自分が何を感じているかが前よりもわかるようになり、いろいろなことを素直に受け止められるようになった。

この回でも引き続き、今まで抑え込んでいた感情をどう解放し自分の中に統合していくのかがテーマになっています。仮面作りは、自分のなかで認められない部分や新しい可能性など、いろいろな部分を仮面に託して表現する作業です。この仮面に「頭で考える自分」と、「感情で感じる自分」の両方が表現されたと彼女は語っています。自分のなかの両方の部分を認める作業であったのでしょう。頭で考える自分は決して悪いわけでなく、それも大切な部分です。頭で考える自分のみで、感情的な部分が抑えつけられれば、バランスが崩れます。また感情面だけが強調されれば、それもまたバランスが悪い状態です。この仮面でKさんの両方の側面がお面の右半分（思考）と左半分（感情）に表現されています。

自分のなかで認められない部分や新しい可能性など、いろいろな部分を仮面に託して表現する

仮面作りで最初は全くアイデアが湧かない状態でしたが、気がつくと何も考えずに手が自然に動き出していたそうです。自発性が顔を出し、創造力が動き始めた証しです。何かが自然に湧いてくる、作っているうちに思わぬものが生まれてくるなど、創造的なプロセスは頭で考えるだけでは起こりません。Ｋさんの「すべて頭で考えなくてはならない」という自分が少し後ろに退き、それ以外のものが働く余地が生まれたようです。そして感情や感性、感覚などが顔を出すことができてきました。

動物の生命力

次に彼女が参加した四回目のセッションは、三日間連続のものでした。一日目がムーブメントを中心にしたもの。二日目は立体造形の制作がテーマでした。三日目はハープの音楽を聴きながらリラクセーションや絵の制作を行ないました。Ｋさんの印象に残っているのは、二日目の粘土とウッドチップ（木片）での制作でした。

以前、人から「あなたは生きている実感を感じとることが必要だ」と言われたことがある。粘土の作品を作るときに、動物の生命力、本能がうらやましくなり、急に象が作りたくなった。人間も動物なのだからと思った。成長した象でなく、これから成長する子象である。粘土で象を作り、象になって動いてみたときに、「前に進みたい」という感情が出てきた。象を模造紙の上に置いたとき、象に海を見せたいと思った。クレヨンで一生懸命海を描いた。見たことのないものを象に見せたいと思った。見せたら象がどう思うかなと楽しかった。次のウッドチップ（木片）を使っての創作では、はじめ何を作ってよいのか浮かばずに苦労したが、乗り物を作りたくなり、船のようなものを作った。時間が足りなかった。後になって、本当はもっと大きな船を作りたかったと思った。自分は形あるものを作るのが好きなのかな、と思った。

Kさんは、粘土でゾウを作りました。そしてムーブメントでそのゾウになって動いてみたときに、ゾウの生命力、ゾウの力強さを感じたと言います。ゾウのゆったりとした、しかも威厳がある力強さを体験したのでしょう。ゾウのもっているやさしさ、ゆったりとしたところは、男性性と女性性のワークのときに出てきた、「ゆっくりと進む」イメージや、「渇いたのどを潤し、ゆったりと休む」という彼女の女性性のイメージとも呼応します。そしてゾウには力強さ、雄大さもあります。ゾウというシンボルのなかには、彼女が理想とする男性性、女性性の両方が感じられます。

そしてこの回では「前に進みたい」という気持ちが現れています。そしてゾウに「見たことのないものを見せてあげたい」と思っています。そしてゾウが海を見てどう感じるか、わくわくしたと述べています。参加者それぞれの粘土を一緒に模造紙の上に置いて、みんなで絵を描きました。そしてKさんは、そのときゾウのために海を描きました。Kさんの好奇心や冒険心が窺えます。そしてウッドチップを使った制作では、船のような乗り物を作りました。たしかに海に行き着き、そこから冒険を始めるとしたら船が必要です。彼女はうんと大きな船を作りたかったそうです。

「笑顔の女性」

五回目のセッションではコラージュを行ないました。「笑顔の女性」がひとつのテーマになっています。Kさん自身の未来像と言えるかもしれません。こんな笑顔になるには何をもってきたらいいのか、ということで一枚目のコラージュができています。たくさんの自然、行ってみたい場所の写真で構成されています。好奇心、行動力が前回から引き続いて作品から窺い知れるテーマとなっています。そして二枚目にも「笑顔の女性」が出てきます。過去の「休んでいた自分」が現在の「手探りで歩いている自分」になり、未来の「何でもつかみにいく女性、行動力が気持ちに支えられている女性」に繋がっています。Kさんは本来行動的な人なのでしょう。行動を支える気持ちのほうも充実したときには、本当に満足できる笑顔が生まれることでしょう。未来像は大切です。自分の未来像を描けることが、それに近づく第一歩だからです。この時点では彼女はまだ人が怖いと言っていますが、実際にはこの数ヵ月後で就職を決めています。積極的に社会や人とかかわっていく準備がすでにこの時点で始まっていたのでしょう。

コラージュのワークショップはとても楽しかった。写真が自分にアピールしてきた。一枚目のコラージュは、まず笑顔の女性にひかれた。こんな笑顔になるためにはどんなものが合うかなと

たくさんの自然、行ってみたい場所の写真で構成された
Kさんのコラージュ作品

思って、次々選んだ。そしていろいろなところに行ってみたくなり、いろいろな場所の写真を貼った。二枚目では「過去、現在、未来」というテーマだったので、今までの自分と重なるようなイメージの写真を選んだ。休んでいるのが過去。夢見がちで現実逃避が強かった。現在は、白黒の女性の写真で、どこにどう行っていいのかわからない迷いや混乱を表わしている。荒涼としたなかで迷っている。未来は思いっきり笑っている女性や、何でもつかみにいく女の子。何かをつかみにいく行動力とそれを支える気持ちも大切だと思った。でも今はまだ人が怖い。

家族との和解と就職

六回目のセッションを終えたころ、偶然両親が上京し、今まで話せなかったことなども話せるようになったそうです。今まで両親は彼女の話をグチや不満としてあまり聞いてくれなかったのですが、このころから少しずつ話を聞いてくれるようになったそうです。その後一ヵ月間地方にいる両親の元に帰っていました。そして帰京後、彼女は就職活動を始めました。仕事をしてお金を貯め、自分が勉強したい心理学の道へ進みたいと考えたのです。そして就職を決めています。

表現アートセラピーを始めてから約半年で、自分が就職しようという気持ちにまでなるとは思っていなかった、と彼女は語っています。

就職を決めた後で参加したセッションは、また子どものころを思い出すというテーマでした。「やはり子ども時代の自分の気持ちに触れるのはきついが、以前より自分が確実にたくましくなっており、自信がついてきた気がする」と述べています。

社会での葛藤

就職後に参加したセッションは三日間の宿泊セッションでした。Kさんは仕事をすでに始めており、いろいろな苦労も経験していました。

一日目、ミラームーブメントをしたときに相手の人と波長が合って、どちらがリードするともなく動いたとき、とても気持ちがよかった。二日目に動物のテーマで動いたとき、「群れないチータ」のイメージが浮かんだ。大人数でのワークショップで自分が孤立しているように感じた。チータは、孤独だが広い草原を見渡している。孤独を感じつつ、どこか自分の落ち着ける場所を探していけたらいいな、と感じた。「ときには人間孤独を感じることもあるさ」、と思った。動物になることで、生命力やパワーをもらうことができた。コラージュでは人の顔が気になり、顔を集めた。作って感じたのは、自分のなかのいろんな面がお互いを見張って動けなくなって、停滞してしまうことがあるな、ということだ。人の顔ばかり貼ったので、人から「人間が好き？」と聞かれた。人は苦手だけども、嫌ではない。コラージュは一枚では足りずに、もう一枚作った。人の笑顔を見てみたいなと思ったので、笑顔の写真を集めて作って、満足した。ワークショップのなかで、他の人に嫌なことを言われて腹立たしく思ったこともあったが、共同画を描くうちにそれが収まっていった。

今回彼女に現れた動物は「群れないチータ」でした。孤独を感じながらもその孤独を半ば受容しながら、群れずに自分の居場所を探していました。人間関係がテーマになっています。人のなかに入ってする仕事では、いろいろな葛藤も起こるはずです。そして自分のなかのいろいろ異なった側面も葛藤を起こします。彼女の場合、自分のなかのいろいろな部分がお互いに見張ってしまい、ストップをかけ、動けなくなってしまうらしいのです。一枚目でそんな自分を発見し、もやもやしていたので、さらにもう一枚コラージュを作っています。そしてそこではまた「笑顔」の人たちが登場しました。「笑顔」はKさんにとって、何かとても大切なシンボルなのでしょう。ほっとしたり希望がもてたり、何か肯定的な力を汲み取れるもののようです。

このコラージュを見て、ある人から「でもあなた自身はまだ笑顔になるまでいっていないのでしょう」と言われたそうです。彼女は「それはそうだけど……」と何か嫌な気分になったと語っています。今の自分がそこまでいっていないことは、彼女自身充分承知しています。参加者はどんな作品を作ってもオーケーなのです。それがたとえ、今自分が到達していないものを作ったとしても、です。セッションのなかでも人間関係の葛藤を体験した彼女ですが、創作活動のなかでその気持ちを収めていく姿が見えました。

「相手をありのままに尊重する原則」については毎回参加者に説明しますが、ときとして私たちは自分の意見を言ったり、アドバイスや分析などをしてしまいがちです。相手を心から尊重する態度を養うことは、容易なことではありません。

仕事のしんどさ、新たな出発

その後数回のセッションでは、仕事のしんどさ、疲れ、混乱などが彼女のテーマとして現れていました。「仕事にがんばっているが、人慣れしていない自分はいろいろ苦労している。表現アートセラピーに出ることでバランスを少し取り戻せる。これだけは続けて出たい」「混乱している自分が出てきた。やはり仕事での大変さが出ている」「また新たな気持ち、本能、希望、生きる力などを感じた」という感想を述べています。

その後Kさんは、仕事で行き詰まってしまいました。無理をして出社すると頭痛がしてしまい、就職して約四ヵ月で退社しました。その後、職探しをして、再び就職しましたが一ヵ月あまりで退社しました。両方の仕事とも営業でした。Kさんは、営業の仕事が自分には合っていないと実感し、現在は休養を取りながら、自分に合った仕事に就こうと考えているところです。

話して人に自分を伝えることがうまくできない自分は、いろんなストレスが蓄積していく感じである。表現アートセラピーは説明の要らない形で自分の感情を確認できる。また表現している間に感情を発散できるので、自分にとって大切なものである。

Kさんは、表現アートセラピーで自分を表現することにより、今まで自分のなかに蓄積していたいろいろな感情を解放し、言葉でない形でありのままの自分を人に伝える体験ができました。表現しそれを人と分かち合うという体験を通して、いろいろな発見をしました。頭で考えるばかりで感情的な部分を抑えていたKさんは、感情的な部分を取り戻し、生きている実感を回復したと言えます。そして今まで自分を否定的に考えていたのですが、自分のなかの意外な明るさを発見し、それは未来の自分すなわち「笑顔」へとイメージが繋がっていきました。そして行動力や冒険心が作品「象に海を見せる、大きな船」のなかに現れ、それは実際に彼女が世間の荒波に出ていく姿と重なります。

過去の辛い感情も浮上しますが、実際にそれを形に表わし人に語ることで、気持ちは過去に引きずられるというよりはすっきりし、新しい発見や楽しさのほうからエネルギーをもらった感じが窺えます。

表現アートセラピーでは、過去の抑圧していた感情が比較的表われやすいので、心にエネルギーが足りない、と感じられるときなどには注意を要します。ただし表現の楽しみや満足感、また他人にそのまま受容される安心感によって、過去の痛みや否定的体験がうまく収められていく場合が多いと言えます。また、自分の希望、未来への可能性といった肯定的イメージを形にすることができ、その肯定的イメージとかかわることで新たな希望やエネルギーが湧いてくることが多いのです。

希望の地平

次に紹介するAさんは四十代の女性で、私が以前勤務していた精神科のクリニックで表現アートセラピーのグループに参加していました。その後、私がクリニックを辞めることになってからは、私が主催する講座に参加し始めました。Aさんは、クリニックで十回を一クールとするセッション（週一回でトータル十週間のクローズドグループ〈参加者固定〉による）に、二クール参加しました。そしてその後一年以上にわたり、私の主催するセッションに参加されました。

Aさんは会社での人間関係から、不安発作、強迫症状が現れ、うつ状態となりクリニックを受診されました。表現アートセラピーのグループに参加したころは、クリニックに通い出してから一年数か月経っていて、すでに症状は落ち着いていました。

Aさんによると、以前は言葉で自分を語ることが苦手で、人に自分のことを話したり、自己開示することがなかなかできなかったそうです。特に感情を表わすことは全くできず、表現アートセラピーに参加するようになってから、自分を言葉で語ることが少しずつできるようになりました。そして、自分の感情にも気がつくようになったと語っています。クリニックでの治療と並行して表現アートセラピーを受けることで、「世界が広がり、いろいろなことを楽しむことができるようになった。クリニックの治療で自分の過去と直面したり、昔の辛い気持ちを思い出すことが多かった。過去の出来事があたかも今起こっているかのような、**フラッシュバック**も起こし、それは自分にとってとてもしんどいことであった。過去と直面することは必要なことであり、そのときは辛いが後でよくなっていくのが実感できるのだが、あまりに辛い気持ちが出てくると過去に引き戻されるようで、現実になかなか戻れない。そんなときに表現アートセラピーに出ると、楽になれた。過去のうずもれていたよい体験を思い出すことができ、辛い思いが浄化される感じがあった。自分にとっては、過去を振り返るだけでは辛すぎた。この表現アートセラピーがあったおかげでバランスが取れた気がする」と語っています。

フラッシュバック
過去の辛い出来事（心的外傷体験）があたかも現在起こっているかのように、生々しく記憶が想起される。

表現アートセラピーに参加する前には、絵は見るのは好きだが、描くのはあまり好きではなかったそうです。表現アートセラピーの最初の印象は、「初め左手で描くのが描きにくいと思ったが、上手下手が目立たないので人と比べなくなった。同じテーマで描いても、みんな違うものを描いていたので、人と違っていいし、違ったことを言ってもいいのだと感じられた。具体的な絵を描かなくてもよいし、意味がなくてもよいところが、自由で制限されない感じがした。言葉だとつじつまが合わなくてはいけないが、そうでないところがよかった。分析や評価をされないので、安心して自分を出すことができた」とのことでした。とにかく楽しい体験だったようです。彼女にとっては、絵を描くことで自分を発見するというより、解放される感じがしたそうです。自分が好きだったものや本当の好み、そして埋もれていたよい体験とつながっていけたようです。

ここで、クリニックで行なっていた表現アートセラピーについて少し説明を加えます。デイケアでのプログラムとして行ない、絵と文章が中心で、からだの動きやドラマなどはほとんど使いませんでした。グループの目的としては、自己表現により、自己洞察を導き、自己評価を上げながら、過去の体験を統合していくことでした。そのため病状の重い方は入っておらず、自己の内面とある程度直面する準備の整った方のみ、医師の判断によりグループ参加が認められました。

クリニックのセッションでは、毎回初めにウォームアップの絵を描きました。目を閉じてめちゃくちゃの線を引き、そこから絵を展開させていくものです。Aさんによると、「このウォームアップをやることによって、頭で考えないで描くモードに入れた。そして二人組のシェアリングがよかった。グループ全体で話すのは、緊張感がありすぎた。二人組だと、まだ話しやすかった。もちろん二人組でも初めは緊張したが、絵を使って話すので、何もないところから話すより楽だった」そうです。話すことが苦手であったAさんですが、二人組のシェアリングで少しずつ話すことにも慣れていきました。

一回もセッションを欠席しなかったのが印象に残っています。第一クールの最後の回（第十回）で書いた、Aさんの物語を紹介します。そのクールで描いた絵をすべて並べて、どんな順序でもよいから絵に合ったストーリーを書くというセッションでした。

> 私は子どものとき、庭のもみじの木に座っていつもと違う目の高さから物を見ながら、風や木の感触などに安心感を感じていました。ピンクの毛布も私に安心感を与えてくれました。私は子どものときに読んだ絵本の『ちいさなおうち』のように、元の家族といるときは、ここは私の本当の居場所ではないといつも思っていました。元の家族のなかには、楽しみや安心感は、ほとんどありませんでした。私は夫と結婚してから、楽しい食事や音楽、自然や山など、それまで知らなかったたくさんの楽しみや安心感を知りました。そのときに今まで抑えていた怒りが炎のように燃え上がり、涙が湖から溢れて氾濫するように流れ出して、道を作りました。私は新しい道を通ってほんとうの居場所を求めて旅をしている最中です。途中で道がわからなくなったときには、テントを張って焚き火をして月が出るのを待ったり、ゆっくり立ち止まって花を見ることもあります。いつか頂上に立つことを信じて、あるいはいつか田舎で暮らしている私を想像しながら、道をゆっくり歩いています。

Aさんは、結婚して生活が安定した後にいろいろな症状が出たため、過去の辛い体験を振り返ることになりました。クリニックでの治療で、過去の人生を振り返り、子どものときの家族のなかでの辛かった体験や感情と直面しつつ、一方で過去のよい体験とも繋がりながら、新しい道を歩き出していきました。その道は決して平坦ではありませんが、自然から力をもらいながらゆっくり歩くAさんの姿がそのままこの物語に現れています。Aさんからは詳しく成育歴を聞いていませんが、**PTSD**と診断されるケースと思われます。PTSDからの回復にとって必要なことがここでは語られています。まず現在の安心できる場やサポート体制を確保し、過去の辛い体験と向き合い、それを統合し、新たな自分を育てていくプロセスです。それは今までにない新しい道を探し、歩いていくことであり、決して容易な道のりではありません。Aさんは怒りや悲しみと直面しながら、新しい道を迷いながら進んでいます。そこでは自然や人生を楽しむことが支えとなっています。

私が主催する講座に継続的に参加してからの感想は、「絵だけでなく、他のものもあったので、遊び心がふえた。表現には、言葉以外にもこんなにたくさんのものがあるのかと思った。それによって自分のいろいろな側面を見ることができた。自分のなかに溜まっていたものを外に出せた気がする。言葉じゃないものは、人を傷つけない気がする。言葉は直接的だから。自分では否定的と思ったもの（怒りや涙）を絵にして、それを見てみると否定的じゃなく見えてきた。言葉で表現できないものを、表現アートセラピーではたくさん表現できる」ということでした。

クリニックでは、基本的に絵とライティング（文章を書くこと）が中心でしたが、講座では

PTSD (Posttraumatic Stress Disorder)
「外傷後ストレス障害」と呼ばれるもので、本人もしくは近親者の生命や身体保全に対する重要な脅威となる心的外傷的な出来事に巻き込まれたことにより生じる障害。その出来事が過去のことになった後にも反復的侵入的に恐怖体験が思い出され、苦痛に満ちた情動が伴う（フラッシュバック）。不安、孤立感、睡眠障害、解離症状など長期にわたり症状が持続する。虐待、犯罪事件、災害などに遭遇後にこの障害が生じることが多い。

トラウマ体験
安心感や安全感を取り戻すことが大切な課題となる。緊張をほどき、リラックスできる体験を積み重ねることが必要。

からだの動きや声や音楽など幅広い表現を取り入れているので、さらに体験が広がったと彼女は述べています。Aさん自身印象に残っている作品や体験を紹介します。

リラクセーション

リラクセーションで、自分が本当にくつろげる場所、気持ちのよい安心できる場所へのイメージ誘導を行ないました。そのとき、Aさんは、気持ちよい大自然のなかに自分を連れて行きました。彼女は本当にその場所にいるかのような気持ちよさを味わい、呼吸できたそうです。その後で粘土の作品を作りましたが、彼女はデッキチェアを制作しています。自分が休んだり、リラックスできる感覚や体験はとても重要です。特に**トラウマ体験**のある人にとって、この感覚を取り戻すことはとても大切なテーマです。

初めてのムーブメント

最初彼女は、絵は楽しいと思ったが、ムーブメントやダンスは苦手だったそうです。回を重ねるごとにムーブメントで表現する解放感や、ダンスの楽しさを体験していきました。最初にムーブメントを行なったときは、まず体操のようなことから始めて、二人組のミラームーブメントを行ない、その後で自分が動きた

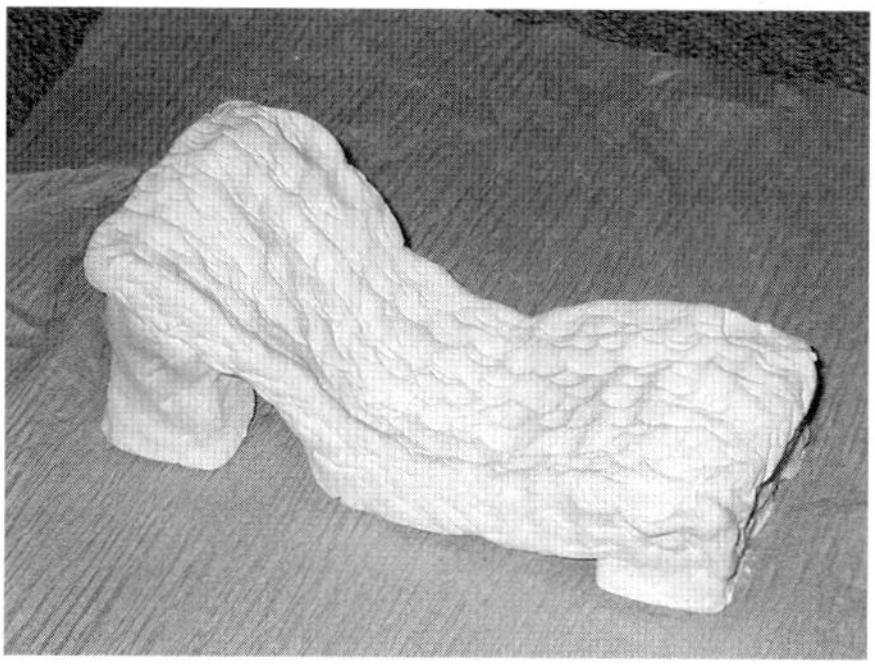

（上）　絵を並べて物語を書く。Aさんは、ゆっくり立ち止まって花を見る家族というストーリーを表わした
（下）　Aさんはイメージ誘導の後、粘土でデッキチェアを制作した

いように動くムーブメント（決まった振り付けなどはなく、今の自分から出てくる動きを続けていく）に入りました。大きな動き、きれいな動きをする必要はなく、動きたくなければ、ただじっとうずくまっているだけでもよいのです。二人組で行ない、一人が動いているときは、もう一人がそれを見守ります。基本的には目を閉じてもらいます。「**オーセンティック・ムーブメント**」と呼ばれるものです。そのときは一人十分くらい動きました。終盤に、「今と全く違う動きを試してみてください」という教示を入れました。

オーセンティック・ムーブメント
一一三ページを参照。

　座ったまま手を動かしていた。ストレッチのようにしていたが、動きにくくて固まっていた。終わりごろ「今とはまったく違う動きをしてください」と言われて、伸ばしていた手を速く動かしたら楽になって、意外な感じがした。そこから急に動きが出て、解放感があった。あたかも自分が時計になった感じがした。そして時計の絵（下の絵）を描いた。

この絵に添えられた文章が以下のものです。

　時計の針が動かない
　何かが引っかかって動かない
　動かそうとしても動かない
　動かないから疲れたよ

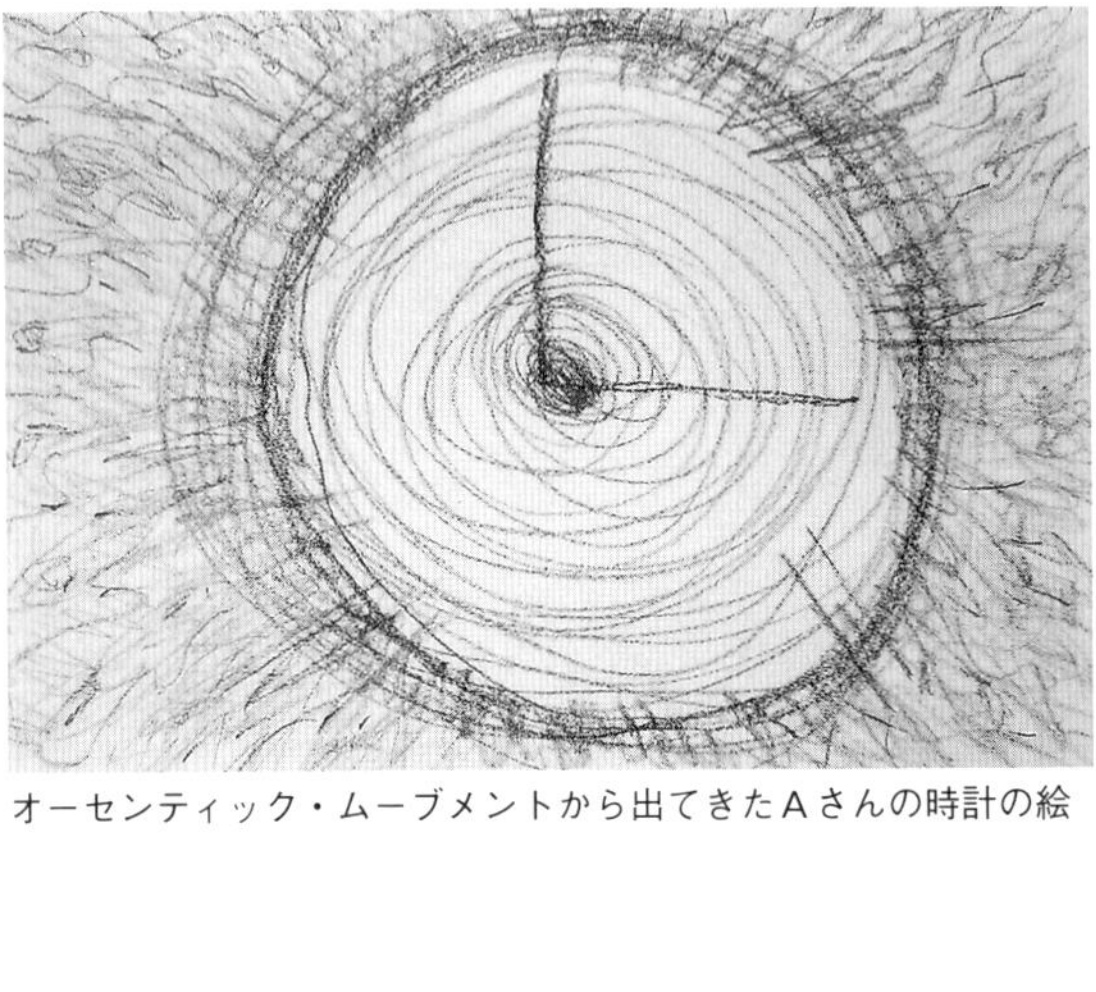

オーセンティック・ムーブメントから出てきたAさんの時計の絵

動かそうとしないで
別の動きをしてみたら
ああ、とても楽になったよ
時計が突然動いたよ
とても不思議な解放感

「動かなくなった時計」という感じが、Aさんのムーブメントから出てきました。そして違う動きをするなかで時計が動き出す体験となりました。この感じは、Aさんがそのとき人生のなかで体験していたことかもしれないし、または過去に体験したことかもしれません。または個人的な体験を超えて現れた普遍的テーマかもしれません。いずれにしてもここでの体験は、ある気づきを伴っています。動かなくなった時計の状態は、私たち誰しもが、「自分が動けない状態」として体験しているのではないでしょうか。動かそうとしても動かない状態。それがふとした別の動きで、また動けるようになる。教示は「今の自分がしそうもない動き、全く違う動きを試してみてください」でした。ムーブメントという、普段のパターン化した動きを離れて新しい動き方をすることで、新しい展開が得られるというメタファー（隠喩）が、ここから窺えます。

木のぬくもり

ウッドチップを使っての作品作りのときです。「木を触ることで、木の感触の心地よさが蘇った。木に触れることで、山や自然が好きな自分とも繋がっていく体験であった」と

Aさん。そして彼女が作ったのは、楽器とヒノキ風呂でした。木の感触から、彼女のなかの木や自然との心地よい、肯定的な体験が思い起こされました。そしてその木は、彼女が小学校のころよく登った木でした。子どものころというと、必ず木に登っていた自分が思い起こされるそうです。木はそのころの彼女を支えてくれた存在なのでしょう。

木のぬくもりを感じ、作品を作ることで、自分のなかの肯定的な体験と繋がれたようです。彼女にとって、表現アートは、自分の人生の肯定的な体験を掘り起こすことにも役立ちました。言葉のみで否定的な体験を語るときに、言葉のもつ直接的、集中的性質から、否定的なことばかりに焦点があたり、それ以外の肯定的な体験が意識から締め出される傾向があります。語ることの重要性を否定する訳ではないのですが、繰り返し同じ内容を語ることで、その内容が固定され、突出したものになることがあります。

背負いきれない重荷

Aさんが、過去の辛い体験に圧倒されそうになったときに作った粘土作品が、その「圧倒されそうな」気持ちを変えてくれました。そしてその体験を扱うヒントを得ました。

自分の過去の辛い体験に圧倒されそうな重い気分になっていたときのことである。過去の自分の体験をクリニックのミーティングで話して、こんな重荷は自分では背負いきれない、自分の腕には抱えきれないと思った。その日、表現アートセラピーで、からだを動かすウォームアップのときからだが重くて、仕方なく重い動きをした。するとそれがぴったりきて、少し楽な気持ちになれた。そして粘土を手に取ったとき、重くて硬くて、びくともしない。背負いきれないものを自分が背負わされている感じがした。仕方なく粘土を小さくちぎってみた。粘土を小さくして丸めていくと、気が楽になっていった。小さな玉にしたもので山を作った。やっと自分が扱えるものになった感じがした。自分の重荷もこんなふうに小さくして丸めてゆけば、手に負えるかなと思った。

実際にからだを動かしているときに、重い動きがぴったりきて、それで気持ちが楽になったと彼女は語っています。日常生活では、普段感じていることをそのまま表現できるとは限りません。心が重いときも普通を装うことがあります。心のなかをそのままに表わせるとは限らないし、表わせないほうが多いでしょう。心の状態と表現が一致してそのまま出せるとき、それも思わず飛び出てしまうのでなく、安全な空間のなかで自分を確かめながら出す表現によって救われることがあります。絵であれ、からだの動きであれ、声であれ、今の自分をぴったり表現できたときに、人は解放感を味わいます。自分を偽らなくともよいので、安心感が感じられます。重ければ重い、暗ければ暗いでよいのです。

そして、彼女は固くて重い粘土と格闘しながら、象徴的に心のなかの重くて硬いものをどう扱ったらよいのかを模索していました。重くて固い粘土を小さくちぎって丸めていくことで、自分が扱える大きさにしていったのです。実際に手と感覚を駆使して、具体的な粘土という物と格

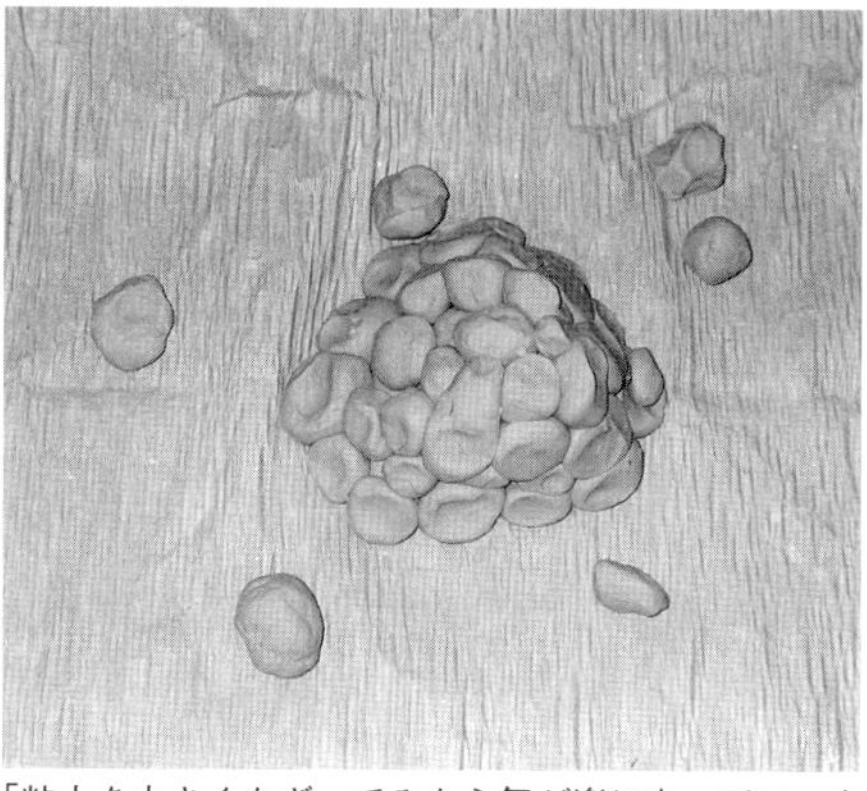

「粘土を小さくちぎってみたら気が楽になっていった」（Aさん）

闘することで、今の葛藤を解決するヒントを得ました。解決できそうな実感を得たのです。そこでは彼女の実際の状況は変わりませんが、それに対する感じ方が変わりました。感じ方や受け取り方が変われば、行動も変化します。

表現アートセラピーの利点は、具体的な表現のなかで、心の内容を反映させ、それとかかわり、対話し、変容させることができる点です。

「怒りの実感」

ある日のムーブメントで、彼女のなかから怒りが出てきました。そのころ日常で怒りを感じていることがあったそうで、動いているうちに怒りの感情が起こり、床を叩くという動きになりました。見ている私は少し心配になり、ダウンコートを床に敷きました。床を叩くこぶしが痛そうだったからです。それによって少し激しさが緩和されたようでした。

怒りを自覚していたが、それを思い切り味わえた。こんなに怒っていたというのが意外だった。怒りを封じ込めるのではなく充分に感じて、エネルギーを放出した。出たがっていた怒りを出した。怒りがエネルギーとして出た。何かを破壊するのでない形で出せた。度を過ぎないように先生がコートを貸してくれたのもよかった。

振り付けのない自由なムーブメントでは、そのとき感じている感情や過去の感情など、からだのなかに記憶されていることにアクセスしやすくなります。そのためトラウマのある人などは、その体験が浮上することがあるので注意を要します。Aさんは、自分の過去のトラウマ体験についてクリニックで十分扱っており、ムーブメントのなかで強い感情が出てきてもそれに圧倒されることなく、自分のなかに統合することができました。

このとき彼女は、具体的な怒り（誰に、何に怒っている）を超えて、怒りという体験、怒りという感情の純粋なエネルギーに触れたのでしょう。そういうレベルで感情を体験し、それを自分が受け止められれば、それは他のものへ使えるエネルギーとなります。ナタリー・ロジャーズは怒りを破壊的なものとして捉えず、建設的に使えるエネルギーとして捉えています。感情を純粋に体験できるときには、それを自分の生きるエネルギーとして利用できることを実感しているからでしょう。

「絵を動く」

絵を描いて、その絵をムーブメントに展開してみる（絵を見ながら、その絵をからだで表現する）、というエクササイズを行なったときにAさんは、絵を描いただけでは気づかなかったことに、気づきました（このようなエクササイズを私たちは「絵を動く」という言い方をしています）。「絵を動く」とき、すなわち絵に描かれた線を自分の手やからだを使ってたどったり、描かれている形をからだで表わしてみたり（魚が描かれていたら魚になってみる、石が描かれていたら石になってみるなど）して、色や全体の印象をからだで表現すると、心のさらに深い次元の発見に至ることが多々あります。

この回では自分のなかの男性性と女性性を探求し男性性、女性性の絵を描き、その絵にもとづいてからだを動かしました。「描いてみて、まず男性性はすっきりしていて、客観的であると思った。そして女性性は、主観的、複雑でグチャグチャしており、しつこい感じがした。次にその絵を動いてみると、女性性は、がんじがらめであるがいろいろな方向へ動け、注意散漫だが自由な感じがした。反対に男性性の絵を動いてみると、単調な動きで集中できるが惰性になっていく気がした。男性性はすっきりしているがつまらなく感じ、女性性はがんじがらめのようでいて自由で、面白いと思った。当時、女性性については否定的に感じており、面倒くさく思っていたが、逆にそこが面白いのかなと感じ方の転換があった」とAさんは語っています。

絵を描いた後でからだを動かしてみると、また別の感じ方が生まれてくるのが面白い点です。女性性の絵に描かれた線を見ただけではがんじがらめの印象しかなかったものが、その線に沿ってからだを実際に動かしてみると、意外に奥行きがありいろいろな方向に動け、自由な感じがします。それは動いてみないとわからなかったことです。「絵を動く」ことで、さらにもうひとつ深い次元の発見に至っています。

初めてのコラージュ

初めてコラージュを作ったとき、彼女は、泣いている人びとの顔が気になりました。そしてその人びとのなかにパワーを感じたといいます。コラージュの真んなかに泣いている女性、そしてその周りには、木や自然、子どもやオペラ歌手などが貼られています。そして聖域を表わすように、教会の写真もあります。

「コラージュを作る時期、ちょうど直前に護身術のワークショップに参加し、自分は今まで弱い存在と思っていたが、護身術を習ううちに自分のなかにもまだ活性化されていない力があることを感じた。泣いている人から始まって最後は喜びに至った」とAさんは語っています。このコラージュのテーマは、「強さ」だそうです。この「強さ」は人を圧倒する強さではありません。苦しみ嘆くという、人間の避けがたい辛い体験を受け入れるという行為に裏打ちされた強さです。連続セッションの最後に、すべての作品を見ながら物語を書いてもらいました。そこには、その「強さ」がどういうものであるかがよく現れています。そしてその強さは人と人を繋ぐ強さでもあります。以下が彼女の書いた物語です。

たくさんの傷ついた人々が涙を流していました。みんな本当は強い女性なのですが、悲しくて辛かったので、たくさんたくさん涙を流しました。本当は怒っていたのかもしれません。誰かと別れる苦しみなのかもしれません。

たくさんの仲間たちがひたすら泣いていました。泣くことしかできなかったのです。せき止めていたものが一気に溢れ出し、洪水となり世界は全てにじんで見えました。

気がつくと、海のほうへと流され、海のなかを漂っていました。海水に浮いているのは、とても気持ちがよく、私は一人ぼっちでしたが、不思議な安心感があり、自分が泣いているのかどうかわからなくなりました。

日が暮れてきたので、心細くなりましたが、夕焼けの空が美し

コラージュのテーマは「強さ」（Aさんの作品）

く、励まされ、自分が海と一体になってゆくのを感じました。眠りにおちてゆきました。

目を覚ますと太陽が光り輝き、私はものすごいエネルギーをもらいました。泣いていた仲間たちが私の周りにはたくさんいるのに気がつき、みんなキラキラと光っていました。

よく見てみると、みんな違う色をして個性的でパワフル、とてもしなやかで、ときに繊細で、情熱的。

みんなでつながり、踊り、話し合い、笑い、怒り、泣き、悲しみ、悩み、苦しみ、分かち合い、そしてつながり、楽しみ、癒される。

最後のほうは、時間がなく慌てて書いたそうです。ここには傷ついた人がどのように癒やされていくかが、描かれています。どんなに強い人間であっても、ときには辛い経験に傷つきます。災害や、虐待の被害、病気や事故など、トラウマの原体験になる出来事もあるでしょう。深く傷ついたことで、自分が弱い人間だと思い込むこともあります。そのときの感情（悲しみや嘆き、怒り）を表現したり、語ったり、受け止めてもらうことが回復への第一歩になります。嘆き悲しむ（グリーフ）プロセスが回復のなかでは必要とされますが、そのときは「ただ泣くしかない」かもしれません。そのプロセスの渦中では、「世界がにじんで見える」ので、自分の機能は、かなり落ちるように感じられるでしょう。そしてそのプロセスのなかで、少しずつ自分のなかに安全感、そして人間や人生への信頼感を取り戻し、再び人や世界と繋がり、自分のすべての感情（怒りや悲しみだけでなく、笑い、踊り、語り合う）を取り戻していきます。そうしたときには、泣くことは弱さでなく、強さであると感じ取れることでしょう。泣くことや怒ることのなかに人間の強さを感じ取れる人は、すばらしいと思います。私自身もそうありたいと思っています。

Aさんは現在ご主人の仕事の関係で海外に在住し、元気に生活されています。

人から批判、評価されず、自己批判もせずに、これだけ思い切り楽しく、ものを作ったり、表現できたのは、今までの人生で初めてだと思います。

約一年半にわたって表現アートセラピーを体験したAさんの言葉です。日常生活において、成績がつけられず、批判や評価をされない場が、いかに少ないかを、彼女の言葉は物語っているように思います。そしてそういう場が提供されれば、多くの人が芸術表現を楽しみ、そこから豊かな収穫を得ることができるのです。

4 芸術家の自己回復

ここでは、芸術家として活躍している方々にとっての自己回復のプロセスを紹介します。表現アートセラピーやその他の経験を通して、どのように回復されたかを見ていくことで、創造性を発揮するためには何が必要かが見えてきます。

創造力の枯渇

表現アートセラピーに出会って、創造性を取り戻したイラストレーターのUさんは、以前別のアートセラピーに接する機会があったそうですが、それが分析的なアプローチによるものであったため、全く興味を失ってしまいました。その後、彼女は絵を描くことが自己表現の手段というより、仕事としての役割しか果たしていない状況に気づき、愕然となりました。

私がアートセラピーと出会ったのはおそらく十年以上前にさかのぼります。当時はアートセラピーなどという言葉もあまり知られておらず、私自身も自分が体験しているワークがアートセラピーと名のつくものだという認識もありませんでした。

思い出してみると、現在私がかかわっている表現アートセラピーと共通するものもありましたし、全く違うものもありました。あるとき体験した分析型のワークにすっかり興味を失って以来アートセラピーとの接点はなくなりました。再びアートセラピーと私とを繋げるような機会がやってきたのは、それから何年もしてからです。仕事や私生活に没頭する毎日を経て、あるとき描くことが自己表現の手段というより、仕事としての役割しか果たしていない状況に気づき、愕然となってしまいました。

一時期は絵を描くことを仕事だけと割り切り、いっさいの自己表現をあきらめてしまおうと思ったほど思い詰める毎日。白い紙を前にして、描きたい欲求と描くことへの恐れとの葛藤で苦しむ時期が長く続きました。そんななか、ふとアートセラピーを通してもう一度描けるようになるかもしれない……という漠然とした予感に誘われるように情報を集め出したのです。そこで出会ったのがナタリー・ロジャーズ博士の「表現アートセラピー」でした。アートセラピーと名がつくものはおおよそ同じ内容なのかと思ったら、たくさんのアプローチがあることも知り、そのなかで私にとって自分自身の心の声を引き出すには、表現アートのメソッドが何よりも効果的かもしれない……という確信を得るようになりました。

そして実際に表現アートセラピーを体験した彼女の印象は次のようなものでした。

表現アートセラピーというジャンルは海外ではすでに確立されているもので、そのなかでもナタリー・ロジャーズが確立したアプローチの特徴は、やはり個人の意志を最大限に尊重するという点です。人それぞれ人格が異なるように個人の問題も様々ですし、また癒やされるプロセスも様々なはずです。表現アートのコースでは時間をかけて様々なワークをするなかで参加者がそれぞれ違ったタイミングで変化し、気づくことにも違いがあるということを知りました。ある人は絵を描くことで、ある人は身体を使って表現することがきっかけとなります。

私自身は絵を描くことが職業だったのですが、全く仕事とかけはなれたモチベーションで描くという行為をするのは子どものとき以来だったような気がします。絵の具や紙を惜しみなく使って、構図も出来上がりの結果も気にせず夢中で描くことができました。その楽しさは、しばし自分の問題にフォーカスすることすら興味がなくなるほど楽しいものでした。

初め彼女は、からだを動かすムーブメントが苦手でしたが、後にこんな発見をしました。

ムーブメントはとても抵抗のあるものでした。人前でただ感情を表現して動くということに抵抗がありました。はじめは動くことの必要性を感じられず、こんなに抵抗感があるのはただ恥ずかしいことが原因しているのだろうと認識していました。結局その後の「ボディウィズダム」というコースに参加して、幼児期に抱えてしまったトラウマから動くことが嫌いになっている自分を発見することができ、その後はこのムーブメントのワークを心から楽しめるようになったのです。自分の描いた作品をテーマに身体を使って表現するワークは、自分の作品と自分自身が一体になった感じをもつことができ、自己表現の手段が何倍にも広がるような可能性を感じました。また自己表現は何のためでもなく、誰のためでもなく、ただ自分のためにする行為なのだということをこのコースを通して知ることができたのが何よりの収穫でした。一連のプログラムを経験したことで、アートセラピーとはこんなにも素晴らしいものだったのだ……とあらためてその効果と意味を知り、今後の人生において末長く活用してゆきたいと願っています。

Uさんは、パーソン・センタード表現アートセラピーのトレーニングコースを修了後、現在はご自分でも表現アートセラピーの講座を提供しながら元気に活躍しています。

声を失った声楽家

Iさんは、某有名芸術大学大学院で声楽を専攻し、その後は十年以上にわたりコンサート活動、教育活動を行なっていました。ところが五年くらい前に喘息になり、声が出なくなりました。声楽家にとって、それはとてもショックな出来事です。Iさんは、歌う気持ちを失くし、ピアノの音や音楽さえも聴きたくなくなり、三年近く歌から離れていました。そしてその間、自己探求、自己治癒の道を歩まざるを得なくなりました。彼女は表現アートセラピーと出会う以前、ある声楽の先生と出会い、それから声が出るようになりました。その先生は、表現アートセラピーと非常に似ている表現法を用いました。一人の芸術家の回復にとって何が必要であったかに関して、Iさんの体験には大きな示唆があると思われます。Iさんが語ってくれた内容を、まとめました。

芸大時代を振り返ると、人よりもいかに卓越するかという激しい競争があり、いつも苦しい思いをしていました。仲間同士、学生時代を後になって語り合うと、みな「いつも人からの評価にさらされて、心は苦しかった」という話になるのですが、そのころは皆心のうちを人に打ち明ける余裕はありませんでした。激しい競争意識の中で、本当に人と親しくすることは難しかったのです。精神的に病む人もいました。私は、いつも自分に鞭打って、がんばってきました。

喘息になったときに、私自身気がついたことは、今まで本当に自分に無理を強いてきたということでした。喘息で本当に苦しんでいたときのことです。ある晩、次のような夢を見ました。「子どもが背中越しに、こちらをじっとにらんでいる。その顔はとても悲しそうであり、苦しそうであった」。その子は「これ以上進まないで。わたしを叩かないで」と言ったのです。その夢を見て、今まで自分が自分自身をいかに虐げてきたかを理解しました。そしてその子に謝り、三つのことを約束しました。「もう批判しないこと、叩かないこと、やりたいことをやらせてあげること」でした。後になってその夢に出てきたのは、自分のインナーチャイルド（自分の内なる子ども……自分の中の子供の部分）であったとわかりました。その後は、自分のなかの小さな女の子と対話する日が続きました。「何したいの？」と聞くと、その子は、「夕日が見たい」と言います。そして夕日を見に行きました。「海に沈む夕日が見たい」「海から昇る太陽が見たい」とその子は、少しずつわがままになりました。できそうもないこともありましたが、その子が望むことが偶然かなえられるチャンスが訪れることもありました。

喘息が始まってから三年近く過ぎ、今までの生き方を少しずつ変えていったころ、また再び歌いたくなりました。そして以前からレッスンを受けていた先生にまたレッスンを受け始めましたが、どうもうまくいきません。声も出ず、よほど歌を止めてしまおうかと思うほどでした。続けるうちにまた少しずつ声が出るようにはなったものの、今までの歌い方ではダメな気がしました。自分のからだが心地よいと感じる、もっとしなやかな歌い方をしたいと思いました。

ある友人の紹介で、スイス人の先生のレッスンを受けることにしました。その先生のレッスンは、今までの歌のレッスンとは全く異なるものでした。レッスン場には、模造紙やクーピーペンシルなどが置かれていたのです。そして声を出すときに、絵を描いたり、ムーブメントをしたり、からだに触れたりしました。

あるときのレッスンは、声の出ない生徒に対して、先生は模造紙で大きなてるてる坊主のようなものを作り、その生徒にこう言いました。「今歌っている曲は、憎しみや怒りが入っているものだから、この人形を殴りながら歌いなさい」と。彼女は、言われるままにそのてるてる坊主を叩きながら歌いました。すると今まで出なかった声が、出るようになったのです。二、三倍は大きな声が出ました。先生は、「歌とはこんなふうに自然なものなのです」と言いました。

よい声を出そうと考えると、からだが硬くなって逆に声が出なくなります。そこでわざといろいろな雑音を出しながら、声を出すエクササイズもありました。声を出す本人または周りの人が、新聞紙などを丸めて音を出す、またはピアノをめちゃくちゃに叩きながら声を出す。そんなふうに意識をそらすことで、驚くほど声が出ました。

またクーピーペンシルで紙に線をひく。線をひきながら声を出す。ガーッと描くときには、その通りにガーッという声が出ます。優しく線を引くときには優しい声が出ます。ひとつの音からもうひとつの音に直線的に行くのではなく、いろいろな寄り道が必要なのだとその先生は考えていました。その寄り道が感情の表現なのです。そして紙の上でその寄り道を線で表現します。そしてその線を描きながら声を出すと、気持ちがこもってくるのです。

　またからだに触れることによっても、その触れ方で声が変わってきます。からだを優しくなでながら声を出すと、優しい声がでます。からだを叩くと、そのエネルギーに呼応する声が出ます。声にはエネルギーがこもっているのです。声は、目に見えない手なのかもしれません。目には見えないが、確実にエネルギーとして人に触れていくのです。

　歌のレッスンで感情がこもらないときには、私は生徒さんに絵で表現してもらい、その後もう一度歌ってもらいます。すると全く違う歌になります。感情がこもったものになります。これは楽器の演奏でも同じで、絵で表現した後でもう一度演奏してもらうと、見違える演奏になります。

　またからだを動かしながら声を出すと、声がよく出ます。例えば手をつないで歩きながら声を出す。布を空中で回しながら声を出す。または人が動いているのを見ながら歌を歌うだけでも、声が出ます。また発声や歌を歌ってもらうときに、そばにいる人にうなずいてもらう。これだけで声がよく出ます。私が「声が出る」という状態は、大きい声や高い声が出ることと、表現力のある声が出る、息が長く続くことを意味します。

　Iさんの回復のプロセスには、創造性についての多くの示唆があります。外からの評価のために自分に鞭打ちがんばるのみでは、自分がつぶれてしまいます。回復においては、自分の心との対話、自分をいつくしみエネルギーを補充することが大切です。スイス人の声楽の先生が表現アートセラピーをご存知だったかどうかわかりませんが、心やからだという人間の全体性を理解し、絵やからだの動きを使って声の表現の幅を広げたことはすばらしいと思います。創造性の開花にとって心とからだの解放と対話は欠かせません。彼女が語っている「声はエネルギーであって、目に見えない手であるかもしれない」という言葉が、とても印象的です。そして声を出すうえで、絵を描いたりからだを動かしたりすることが効果をもたらすというのは、非常に興味深いことです。表現アートセラピーにおいて、いろいろな媒体で自分を表現することが、より深い変化や気づきをもたらす点と重なります。そして一六三ページで触れる多元美学と呼ばれる音楽教育法とも、共通点があります。

Iさんは、現在、表現アートセラピーのセッションに継続的に参加しており、表現アートセラピーに参加してから、いろいろな表現の喜びを知ったと語っています。そして歌を歌ってみて、からだに気になるところがあるときには（たとえば胸が詰まっているなど）、その部分が満足するような声や音を出したり、絵やダンスで自分を表現したりと、自分なりに表現アートセラピーを応用しています。以下は表現アートセラピーに関しての彼女の感想です。

表現アートセラピーと出会って、自分の幅がとても広がっているような気がします。特に文章や絵、コラージュなどこれまであまりやる機会もなく、できるとも思っていなかったのに、考えないでやってみると意外なものが抵抗なく現われてきて、毎回本当に楽しみです。

そして子どものようなきらきらした感情を経験できて、喜びと驚きを感じています。音楽に関してはまだ頭にしばられているような気がしていますが、ジャンルを超えたこの表現アートセラピーを通して音楽ももっと自由になり、本当に自分らしいものになっていくのではと思っています。何より楽しいという気持ちが嬉しいです。

二人の例からは、外からの評価というものに縛られてしまうと、表現したいという気持ちまでも萎えてしまうということが窺えます。創造性とは、自らの生き生きとしたエネルギーと繋がることによって、自然に開花するものなのです。

Part 2 表現アートセラピーにおけるさまざまな表現様式

表現アートセラピーでは、いろいろな表現様式（モダリティ）を用います。この章ではそれぞれの表現様式における特徴や、それをどのように用いているかを述べたいと思います。

それぞれの様式を単独で、もしくは他の様式とどのように組み合わせて用いるか、またその様式のもつ特性について、実際の例や体験記をもとに述べていきます。ここで述べる表現様式とは、視覚（ビジュアル）アート、ライティング、ダンス・ムーブメント、声・サウンド・音楽、ドラマです。

それぞれの様式には、その様式特有の性質があります。絵やライティング、一人で行なうムーブメントの場合は、自分の世界に静かに入れるものなので、自分を確かめ、自分を知り、自分の中核を育てるプロセスに向いています。音楽やドラマ、ダンスは、人と一緒に作っていく側面も強く、人との一体感やコミュニケーションを深める特性があります。人との一体感やコミュニケーションを深めるためには、まず自分としっかり繋がり、自分がある程度確立されることが必要です。**自己肯定感**が育っていないと、他者に心を開くことが難しいのです。自分との関係、そして外の世界との関係は、ときとして相互に刺激し合い、促進し合うものなので、どちらが先ということは言いにくいのですが、順番としてはまず自分のなかの安心感が育っていることが大切です。クライエントが今どのような状態にあるのかを見極め、どの様式を導入するかを検討する必要があります。対象や目的によってどの様式を用いるかに関する研究は、これからの課題と言えます。

表現アートセラピーの分野でナタリー・ロジャーズと同様大きな役割を果たした**パオロ・クニル**のもとで学んだ学生が書いた詩を紹介します。この詩にはそれぞれの様式のもつ特質が表現されています。

　感情に集中し没頭するとき
私は歌をうたい、声明（チャンティング）する
そして感情の波に乗って次の行為に移る
　感情に閉じ込められ、心の傷や緊張、固さで動けないとき
私はダンスをする
痛みを手放し、生気ある世界に戻れる

自己肯定感
今のこの自分でよしと思える感覚。自分には価値があると感じられ、自分の存在を肯定できる。この実感は、実際に自分のもつ能力や技能とは関係なく、ありのままの自分を受け入れられる。

パオロ・クニル
Paolo J. Knill
一九三二年生まれのスイス人。一九七〇年代にショーン・マクニフとともにレスリー大学大学院で表現アートセラピーの修士コースを設立した。現在自ら創立した表現アートセラピーの大学院、ヨーロッパ・グラジュエート・スクール（EGS）の学長を務める。

自分がばらばらに感じるときや人間関係を見つめたいとき
私は日記を書く
意味を見出せないとき、自分がどんなストーリーを生きているのか
自分の人生のナレーションを知る手助けとなる
　詩を書くとき
存在のパターンが新たに形作られる
詩は神秘を見出す魔法だ
　人や物、プロジェクトに囲まれて自分を失いそうなとき
私は料理する
料理するときに私は考えるのを止め、吸収し始める
すべてを鍋に入れ、スープになるまで煮込む
そしてそれを食べる
人と関係を持つエネルギーが湧いてくる
　感じているものと対話し、確認し、外在化するために
私は絵を描く
その対象について深く考え
秩序、形、統合が生まれるまで描く
　他の人と一緒にドラムを叩くのが好きだ
リズムを通してコミュニケーションすることに自分を明け渡す
陶酔し、活力が出る

私は自分の「アート」に生きている
それは私を運び、私を定義する
自分が何を望んでいるかに焦点を当て、それを見抜き、抱え、バランスをとる
そうすると圧倒されずに人々と交流できる
アートは私が消化するのを助け、世界と交流することを可能にする
一つや二つのアート様式だけでは自分が消化されると思えない
多彩な神々の力を借り、さまざまな表現媒体を使って私は人生を祝いたい

（『Minstrels of Soul 魂の吟遊詩人』より筆者訳）

どんなときにどの様式を使うか、この詩の作者ははっきり区別しています。感じているものと対話し、確認し外在化するために絵やビジュアルアートを、集中し心の痛みを手放すときや次の段階に移りたいときに歌やダンス、ムーブメントを用いています。歌やムーブメント、ダンスには、気分を瞬間的に変えてくれる効果があります。音楽を他の人と演奏するときには、心の交流が促進されます。また、拡散した自分をまとめたり、人生や人間関係の意味を見出すときに、書く作業が使われています。

1 視覚的アート

表現アートセラピーでは、視覚（ビジュアル）アートとして絵画、造形、コラージュなどを行ないます。用いる素材としては、クレヨン、クレパス、パステル、水彩、カラーペ

ン、粘土、色画用紙、厚紙、カラーティッシュ、ウッドチップ、グリッター、ポプリ、ビーズ、リボン、その他さまざまなものを用います。絵画のウォームアップでは、利き手ではないほうの手でクレヨンの取りたい色を取って、ただ色を塗ったり、線を引いたりする簡単な方式を取り入れています。また音楽をかけて、その音楽から連想される絵を描くこともあります。

テーマを設定せず、表現したいままに制作する場合もありますが、たいていはテーマを設定して行ないます。たとえば「自分の今の人生において楽しんでいること」をテーマに、色や線で絵にしてもらったり（具体的に描くというより、その楽しい感じを線や色、形で表わしてもらう）、「今の自分の悩み」を同様に絵にしてもらったりします。ほかにも「過去、現在、未来」「今の問題、解決したとき、解決を邪魔するもの」「ボディーイメージ」「感情を絵にする」「自分のなかの男性性、女性性を探る」「自然と自分とのかかわり」「自分の宝物を発見する」「子どもの自分と出会う」「未来の自分と出会う」「トーテムアニマル」「自分のシャドウと出会う」「本来の自分の自由な精神」「今の自分を絵画、コラージュやコラージュボックス、立体や粘土で表現する」などさまざまなテーマがあります。

また制作の前にイメージ誘導が用いられることもあります。参加者に目を閉じてもらい、リラクセーションが得られたのち、たとえば一三ページで述べたように、今まさに森にいて、自分が動物であるように想像してもらいます。頭で「考えた」ものを描くのではなく、イメージを元に描くこ

ウォームアップでは、利き手でないほうの手で心に任せて描く（Lさんの作品）

とで無意識の内容と接触することが可能になります。また、テーマによっては、ムーブメントなど別の様式で自分なりにテーマを探求した後で制作に入ることもあります。たとえば、「男性性」「女性性」などのテーマのときは、男性的な動きや女性的な動きを実際にしてもらって、からだの実感を経てから制作に入ると、より自己と深くかかわる作品になるからです。

視覚アートを創作した後には、その作品を見てぴったりする言葉をいくつか書いてもらったり、作品を見ながらフリーライティングをしたり、詩、物語を作ることもあります。絵や作品にいくつか言葉を添えてもらうだけで、その作品が発するメッセージに気づきやすくなります。また作品を見ながらからだを動かしてみることも、作品の理解、自分の内界の理解に役立ちます。

このように表現アートセラピーにおける視覚アートは、からだの実感や直感から制作することを大切にし、その前後で他の表現様式と組み合わせることで、より深い自己理解が得られるように工夫されています。

ここでLさんの体験を紹介します。公立中学の美術教師で、美術教育に表現アートセラピーを生かしたいと思ったLさんは、研究所の講座に参加されました。表現アートセラピーを体験し自分自身の心と対話するなかで、心のなかの深い欲求、希望に従うことを選択しました。前ページの絵は初めて彼女が描いたウォームアップのエクササイズのときのものです。この作品からLさんは、日々の日常で大変なことはありながら、自分が余裕をもって生徒と向き合っていることに気づきました。

私は、紺色のクレヨンを左手に持ち、心にまかせて手を動かしました。ぐるぐると手を動かして楕円を何重にも描くうちに、それは大きな鯨の形に見えてきたのです。次にそのまわりにたくさんの細い線を描き、それはまるで自由に泳ぎまわる小魚のようでした。できた作品を見ていたら「ゆったり」「気持ちいい」という言葉が浮かんできました。制作後の語り合いを通して、その表現は今の自分の仕事の様子なのだと気づきました。大きな鯨が自分で広い海をゆったりと泳いでいて、その周りを生徒のような小魚がぴちぴちと泳いでいる感じでした。もちろん毎日の生活では生活指導で大変な場面もあるのですが、生徒との信頼関係も築け、お互いに理解し合うことができるようになり、ゆったりと余裕のある気持ちで楽しく仕事ができるようになっていたのです。

下の絵は、イメージ誘導による作品です。イメージのなかで、自分の属する種族を探しに冒険の旅に出てもらいました。自分の特性を探求するために、自分が本当は別の種族に属するとしたらどんな種族なのか、大自然のなかに入って探求し、その種族からの贈り物をもらって帰ってくるように誘導しました。

私は海に沈む大きな貝を描きました。それが自分と同じ種族だと感じたからです。イメージ誘導によって、その次は森の中から女の

イメージ誘導による作品。イメージのなかで、自分の属する種族を探しに冒険の旅に出てもらった

子が出てきて海辺に行くイメージが浮かびました。そして女の子は静かに海の底まで入って行き、大きな貝のなかで眠りにつきました。とても疲れているようでぐったりとしていました。貝はやさしく女の子を包み込みました。しばらくして女の子は目覚め、両手で抱えないと持てないような大きな丸い卵のような物を貝からもらって、浜辺に戻りました。女の子は、それを宝物のように大切に持ち帰りました。この様子を描いた後、私はとても大切な物を貰ったような感覚になり、心が温かくやさしい気持ちになりました。

ここで彼女は、自分にとって大切なものを発見できたと語っています。疲れている自分を発見し、貝のなかでゆっくり休んだのです。

次は、立体作品を作りました。特にテーマはなく、自分が作りたいものを作りました。

毛糸やモールなどいろいろな材料を使って、鳥の巣と四つの卵を作りました。初めから鳥の巣を作ろうとしたのではなく、思いのままに毛糸や細い紙を貼り付けていくうちに鳥の巣になっていったのでした。出来上がって見ると、それは自分の家庭を意味するものに感じられ、とてもいとおしく思えてきました。「大切にしていきたい」と、心の底から感情が溢れてきました。日ごろの忙しさをいいわけに、家族のことをあまり考えずに過ごす毎日だったと反省がこみ上げてきました。

この三回目の作品を作っての帰り道、Lさんは大きな決意をします。

三回目の講座の帰り道でのことです。車を運転して帰り道の半分あたりにさしかかったとき、森のなかで霧がスッーと晴れていくように、突然頭のなかがすっきりとして、心の奥からしっかりとした言葉が聞こえてきたのです。「そうだ、退職しよう。これからはアートセラピーがやりたい」と。授業に取り入れるための研修として講座に参加したのに、まさか自分自身の気づきにより退職したい気持ちになるなんて想像もつきませんでした。

結婚前まで勤めた広告代理店の仕事の経験を生かし、三十一歳で看板デザイン事務所を一人で営み、その後三十三歳で小学校の図工の講師になり、三十八歳で教員採用試験を受験し翌年中学校の教員になりました。いろいろな方に支えられ導かれて、念願だった教職に就いて六年目の冬のことでした。教員の仕事はとてもやりがいのある仕事で、私自身学びの日々でもありました。もちろん定年まで勤めるつもりだったので、途中で退職するということは、家族にとっても大問題でした。それなのに不思議なくらい迷う気持ちはありませんでした。教職に嫌気や無理を感じて、退職して別のことをしたいと考えたのではなく、表現アートセラピーに出会って、自分にとって教職以上のやりがいのあるものを見つけたからだと思います。上手く言えないのですが、歌手が歌を通して人々に何かを伝えたいと思い、歌手以外に自分の道が考えられないと思うように、自分はアートセラピーの方法で人とかかわっていきたいという気持ちになりました。

講座の体験では、一回目から回を重ねるにしたがって私の心はどんどん変化していきました。第一回目では、自分自身の行動と心の現状把握ができたのではないかと思います。二回目では、自分にとって大切なものを見つける旅に出ることができました。そして、三回目では、一回目と二回目の心の変化も土台になって、自分のあり方に気づいたのだと思います。それはまるで、森のなかの霧がスッーと晴れて、一本の道が照らし出されるような体験でした。

退職後、毎日が穏やかで喜びに満ち溢れています。今まであまり気にしていなかった庭の木々の緑の美しさに心をときめかせたり、家族と自分のために料理の腕を振るったり、地域のボランティア活動に参加して心の交流を楽しんだり……などなど。何をするにも心から取り組めます。それは時間にゆとりができたからという理由だけではなく、表現アートセラピーを体験したことによって、生きることの意味に気づき、命があることをうれしく感じることができるようになったからだと思うのです。また発想や構想も次々湧いてきて、新しい仕事の手がかりもつかめました。現在は幼児から大人までを対象とした美術指導の内容に、表現アートセラピーの講座で学んだことを取り入れたアートワークショップを開いています。

私が感じる表現アートセラピーのすばらしさは、本当の自分に出会え、人も自然の一部なのだと深く感じられ、草木のようにのびのびと暮らしていけるようになることだと思います。生きていくエネルギーのために今後も受講を続けていくつもりです。そしてまわりのたくさんに人々にも表現アートセラピーのすばらしさを伝えていきたいと思います。

Lさんが体験した大きな転換は、表現アートセラピーを始めて一、二ヵ月後、一回が三時間ほどの連続セッションの三回目でした。初めて参加されたころ、Lさんは何か悩みを抱えている様子でした。よい教師であろうとして苦悩する姿がありました。いろいろと葛藤を抱えるなかで、表現アートセラピーを通して今の自分に気づき、また本来の自分の欲求にも気づき、そこから導かれた決意です。

Lさんは、教職を離れた現在、ご自分で企画した母と子どものアート教室などを主宰されています。そこでは上手下手や技術の向上を目標としない雰囲気のなかで、母親もゆっくりとくつろぎ、自分自身を表現しながら、自分の子どもの表現を楽しむことができます。自分の子どもや他の参加者と交流をしながら、母子がよりよいコミュニケーションをもてる講座となっています。それはセラピーというよりは、親子の癒やしの場、そして現代社会に不足しがちな他者との交流の場（コミュニティの場）となっています。またLさんは子どもの道徳教育（子どもの心の自然な発達）にも興味をもっており、子どもが人への思いやりなどを学べるように、美術教育のなかでそれを自然な形で取り入れていければと考えています。

視覚アートは、作業をしている間も楽しい時間ですが、作品ができた後でいろいろな気づきを与えてくれます。作品に表わされた自分を、距離をもって眺めることができます。そして次々に加筆や修正をしながら発展させることもできます。落ち込んでいるときには落ち込んだままを表現することで、その自分を受容する助けになり、次に進むことを容易にしてくれます。また未来の希望、こうなりたいという願望を描くことで自分の資源（リソース）に触れることができるため力が湧いてきます。心の葛藤や辛い状態をそのまま表現することで解放される人もいれば、あまり辛いものを表現すると余計に辛くなる人もいます。後者には未来の希望やこうなりたいと願う姿を描くことが救いになります。

2 ライティング――詩や物語

ライティングとは、詩や散文、ストーリー（物語）など、文章を書くことです。パーソン・センタード表現アートセラピーでは、いきなりライティングをすることはあまりありません。初めから言葉による表現に入っていくと、頭の（知的）レベルにとどまりやすく、なかなか実感や心から生まれる表現になりにくいからです。絵やムーブメントなどの後でライティングに入ると、より自発的な言葉が生まれます。

「ライティング」というと、何かとても難しいことに感じられるかもしれませんが、描かれた絵や美術作品を見ながら、心に思い浮かぶ単語や言葉を添えるだけでもいいのです。そうするだけで、絵画や美術作品を理解しそのメッセージを受け取るうえで役立ちます。またムーブメントのように作品が残らない表現についても、その体験を言葉にすることで、残すことができます。思い浮かぶままに言葉や文章を書いてみると心の整理がつきやすくなり、無意識からのメッセージや意味が浮かび上がってきます。

詩や文章を書く行為は、自分や人生の新しい意味を見出し、現実を新しい角度で切り取り、新しいものの見方、新しい現実を作る行為です。そして詩や物語などの文学的な言葉は、理性的分析的な言葉とは異なり、豊かなシンボルやイメージを含んでいます。

表現アートセラピーでは、形式にこだわらず、言葉遊び的なもの、出てくるままに文章を綴ることに重点を置いています。きちんとしたものを書かなくては、という構えが取れると、どんな人も「すばらしい文章」を書くことができます。私が言う「すばらしい文章」とは、生き生きとその人の経験や人生を伝える言葉のことです。

比較的簡単でやりやすい方法としては、まず何枚か絵を描き、その絵にいくつかの言葉を添えてみるという方法があります。そしてそのいくつかの言葉、キーワードを使って詩や文章を書いてみるのです。これを、私は表現アートセラピーのなかでよく行なっていますが、そのなかから興味深い詩や散文、物語が生まれています。

また継続的に作品を作っている場合であれば、それまでの作品を見ながら、物語を書くこともよい方法です。これは作品を改めて見返し、それらを自分のなかに統合するすばらしい方法です。

また、こちらが意図しなくても表現アートセラピーの自己探求を進めるプロセスのなかでは、自発的に、詩や物語、散文が生まれることがよくあります。

次に、参加者が書いたものをいくつか紹介します。

二十代の男性で、**場面緘黙**に苦しんでいたNさんが書いた物語です。彼は表現アートセラピーや**ゲシュタルトセラピー**、カウンセリングを続けながら、次第に肯定的な自分と出会っていきました。

「詩で遊ぼう」というセッションの午前中、三枚の絵を描いてもらいました。三曲の音楽を聴きながら、描きたくなってくる絵を描くというものです。そしてその絵を見ながら湧いてくる言葉、ぴったりくる言葉をいくつか書いてもらい、午後にはその言葉を使って

場面緘黙（ばめんかんもく）
場面緘黙は、気質的な問題はないにもかかわらず（発声に問題はない）、特定な場面で口をきかず（口がきけず）黙り込んでしまう。家では話すのに学校では話さないなど。心理的な問題が背後にあると思われる。本人にとっては非常に苦しく、努力によって改善しようとしてもなかなかできにくい。

ゲシュタルトセラピー
ゲシュタルトセラピーは、一九五〇年代にフリッツ・パールズと妻ローラ・パールズによって生まれた心理療法。人間の全体性、統合性に目を向け、過去よりも現在に注目し、からだや感情におけるいろいろな気づきによって、自己を解放し、自らが人生を選択し、自覚的に生きていく

詩や物語を書きました。自分の言葉のほかに、他の参加者の言葉ももらうことにしました。自分の言葉と人からもらった言葉の両方を使って、詩や物語を作るのです。他の人から偶然もらった言葉が、実は必然的な言葉であったという**共時性**が起こることがあります。

それまでNさんにストーリーを語ってもらうと、いつも主人公の身の上に悲劇的な出来事がふりかかり、主人公がいくらがんばってもうまくいかず、破滅的な最後を迎える、というものばかりでした。ところがその日の彼のストーリーに、画期的な変化が起こりました。それは、再生の物語でした。この一日のセッションの内容によってその物語が出てきたというよりも、数年にわたって自分を見つめ、表現を繰り返してきたその蓄積から少しずつ準備されたものがその回で芽を出したのでしょう。悲劇的な物語が、悪いということではありません。それはそれでとても意味のある物語です。ですが、あるときそこから希望が生まれ、再生の物語が立ち現れるときに、それは特別の意味をもち、それに立ち会った人びとに感動を与えます。以下が彼の書いた物語です。

小さな種

小さな種がありました。千年の冬の世界に生まれ落ちて、千年のときを硬い殻で身を守りながら過ごした種でありました。千年の冬が終わって、世界は変わったということが硬い殻のなかにある芽にも感じられました。「世界は暖かいのかもしれない」。種は外の世界を知りたい、と感じました。それでも外に出るのは怖い、種

ことを援助する療法。

共時性（synchronicity）
ふたつの出来事の間の意味ある一致を指して、ユングが用いた概念。

はつきまとう不安にかられ、殻のなかにひそんでいました。閉じこもる安心は、千年慣れ親しんだ安息でした。だけど心は開放されたがっていました。「外とかかわりを持ちたい」。種は外の暖かさ、風の音をその身で触れたいと思っていました。種は気づいておりました。外はもう冬ではないことに。今外に出られない自分に足りないものは、自信であることに。大丈夫、大丈夫、種は自分にそう言い聞かせ、硬い殻を内側から押し破りました。硬い殻に小さなひびが入り、芽は外の世界に触れました。

流れる風。
光る太陽。
美しい景色。
大地と空。

芽は、その大きな世界におそるおそる頭を出して、小さく伸びをしました。世界は暖かで、そしてやわらかくその芽を包んでくれました。芽は気持ちよく伸びをすると、ぐんと自分が大きくなるのを感じました。やがて夜がくるころには、その芽は大きな樹になっていました。しっかりと大地に根を張り、こずえを伸ばしていました。高い空に光る星と長く伸ばした枝で触れ合い、たわむれながら伸びていくのでした。

私はこのストーリーを聞いてとても感動しました。Ｎさんの長い長い冬を知っていたからです。そしてこの物語を作った後で彼が描いた絵には、怒りや恨みといった暗い感情の渦を洗い流す希望の光、彼方からの光が描かれていました。恐れながらも自分の周りの世界とかかわって、温かい関係を築いてゆきたい、という気持ち、そして世界は思っていたほどそんなに怖いものではないのかもしれない、という安心感が確実に育っていることを感じさせる作品でした。そして依然としてそこに表現されている暗闇と直面しつつ、進もうとする彼の勇気に打たれたのです。

再生のストーリーが書けたからといって、すぐに再生の人生を歩めるとは言えないでしょう。しかしそれをイメージできることが第一歩であり、その可能性を感じることが、新しい現実の扉を開きます。そして表現される世界は、ときとして自分でもまだはっきりと意識していない未来について語っていることも多いのです。

しかし、彼はこの作品から一年半後、自分がＡＤＨＤであるという診断を受け、深く落ち込んでいました。そしてちょうどそのころ、この本に彼の詩を載せる承諾を得るためにメールで連絡をとったところ、次のような返事をもらいました。

ぼくは、ＡＤＨＤの診断を受けて以来、落ち込んでばかりいました。

「自分はどうしようもない欠損を抱えてるんだ。世界には救いなんてない。まともになりたいと思っていたけれど、それは幻想でしかなかったんだ。どうしたって普通にはなりえない。ぼくの成長は頭打ち」。

そんなふうに何もかもを諦め、すべてに絶望していました。

人に慰めてもらったり、励ましてもらったりしましたが、それらの言葉はぼくの絶望を消してはくれませんでした。他者の言葉は、空虚で上滑りする感じがして、心には届かなかったのです。

メールが届いたとき、過去の自分の作品が載っていると知って、メールを閉じてしまいました。ずっと前に抱いた自分の希望を、今の自分は否定してしまいそうで、見るのが嫌でした。だから、今日まで読まないでいました。

けれど、いつまでも放っておくわけにはいかなくて、今日は仕方なく読みました。

胸を打たれてしまいました。

「ばかげた話」「虚構じみたハッピーエンド」なんて、否定し得ないものでした。空虚で上滑りする他者の言葉とは、まるで違いました。

充実した言葉、とでも表現すればいいのでしょうか。自分自身の過去の言葉です。

自分の胸の内にある、確かな感覚に響いてくるのです。希望の感覚。今は胸の内に広がった絶望に覆われて、見えなくなっていた希望でした。

「世界を、楽しみたい」。その想いが喚起されました。

「自分にも、できることはある」。その自信を思い出させられました。

この作品を読んだ後、絶望していた自分の心が変化していました。「なんだってできるとは思えないけれど、何もかもが駄目というわけでもない」。今はそんなふうに思えるのです。自分のなかにある希望の想いに焦点があたり、絶望に沈みこむ気持ちが薄れていく。ゲシュタルトっぽく言うなら、**図と地**が入れ替わる感じです。

過去の自分の作品が、諦めに押しつぶされ、底無し沼のような絶望に沈んだ今のぼくの腕を、グイと引いて助けてくれたみたいです。

作品には、力がある。
そんなふうに、感じます。

Nさんの返事をもらい、私は彼の落ち込みを知っていただけに、とてもうれしく思うと同時に再び深い感動に打たれました。「作品には力がある」という彼の言葉が、深い実感を伴って伝わってきました。彼の状況を知っていただけに、彼が希望に満ちていた時期の作品を読んだときにどう感じるか、正直言って少し心配でした。「あれは、たわごとだった」という気持ちになるかもしれないと。結果は逆でした。作品は、時を超えてそのときの自分をいつまでも伝えてくれるものなのだということを、この件を通して改めて実感しました。

次の詩を書いたWさんは、三十代の女性で、表現アートセラピーのセッションに参加するのは二回目でした。

図と地
ゲシュタルトセラピーはゲシュタルト心理学に理論的基礎を置いており、地と図のどちらに注意を向けるかで、何が見えてくるか（何が図として浮き出て見えるか）が異なると説明する。人が何に注目するか（注意を向けるか）で、認識や感じ方が違ってくる。

あたたかい雨

あたたかい雨が降る
私の心に降る
大地に降る
町に降る、木々に降る
花に降る、ブランコにも降る
やさしいしめった風が吹く
町を通りぬける
あたたかい雨が降る
雨はしっとりしみわたって
奥の奥までしみわたる
見えないところまでしみわたる
吸いこまれるようにしみわたる
見えないところまでしみわたる
吸いこまれるように奥まで入っていく
私の心の中に雨が降る
あたたかい雨が届いたら、私がまいた
心の種から、芽が出る

何が咲くかは誰も知らない
私も知らない

「あたたかくやわらかい雨が、大地や種に降り注ぎ、そこから自分の心の種が芽を出す」という詩です。自分をやさしく育てようとする姿勢や、世界への信頼がよく表わされています。心を開き、自分らしい表現をすることで、心が満たされ、自分が育っていく土壌が作られる様子が、伝わってきます。

次の物語を書いたBさんは、六十代の女性です。理系の技術者として長年してきた仕事を早期定年退職されました。その後カウンセリングの勉強をしていた過程で表現アートセラピーに出会い、この方法が自分にとても合っていると実感し、継続的に表現アートセラピーの勉強をしています。ある日のライティングで彼女の人生、そして彼女の自立のストーリーが物語となりました。

心の巣立ち

昔々一生懸命よく働く女性がいました。朝早くから夜遅くまで、夫のため、子どもたちのため、そしてまわりの人たちの心をおしはかり、働いていました。しかし、夫が天国へいき、子どもたちが自立したとき、今まで存在していた私が見えなくなってしまいました。「私とは何か?」とずーっと考えていました。私の今までのエネルギーはどこへ行ってしまったんだろう。

怒りが出てきて、怒りをぶつけていくうちに、自分のなかから新しい動きを感じ出しました。自分のなかから光が出てきたのです。その女性は初めて私は私のために生きていいんだと気がついたのです。そして自分のエネルギーを出していくうちに、私は私であり、あなたはあなたであるということがわかってきました。私は私であることをあなたに伝えなければ私を理解できないし、あなたがあなたを伝えてくれなければ私は理解できない。

それぞれ自立して初めて、繋がれるんだと思いました。そして自分の奥深く入っていけばいくほど、たくさんの私に出会いました。その私を少しずつ伝え、あなたからもあなたを伝えてもらい、調和しながら育て合っていけたらなあと思いました。

おしまい。

短いストーリーですが、彼女の意味深い「自己探求のプロセス」が語られています。彼女は、長いあいだ自分の気持ちに注意を払うことは、ほとんどなかったそうです。そんな彼女が絵やからだの動きなどで自分を表現するうちに、いろいろな自分を発見し、心の整理ができたと語っています。

三十代女性、Gさんは、何回かの連続講座の最後に、その間に自分が創った作品をすべて見ながら、物語を作りました。

うずまき

うずまきがいました。
一人のときも、二人のときも、たくさんの仲間と一緒のときも、
ぐるぐるぐるぐる渦巻いていました。
うずまきはある日、左の胸に悲しみと祈りを、右の胸に勇気と情熱を持って旅に出ました。
山を越え、海にもぐり、木や石の間を走りぬけ、迷路をさまよい、
川を渡り、野を駆けめぐり、
時には、遠い国からきたうずまきに出会い、
時には大きなうずにのみ込まれそうになり、
時には傷ついた鳥を包み込むやわらかなうずとなり、
時にはうずのダンスパーティーでおどりました。
ある日、赤いマグマが地下を流れる火山地帯を一人歩いていました。
岩と岩の隙間から赤い赤いマグマの流れが顔を覗かせています。
うずまきはごつごつした岩を踏みしめて慎重に歩きましたが、
なにしろそこはとても足場が悪いのです。
足を滑らせて、岩と岩の隙間に吸い込まれるように落ちてしまいました。
赤いマグマの火に焼かれ、熱に苦しみながら、

うずまきはなつかしいふるさとのことを思いました。

熱に溶かされそうになりながらも、最後の力をふりしぼって祈りました。

「どうかふるさとに帰れますように！」

しかし、うずまきはとうとうどろどろと溶けだし、
マグマの流れにのみこまれてしまいました。

気がつくと、うずまきは春の光のさす草原の上を漂っていました。
何がおきたのか、自分が生きているのか死んでいるのか、
自分が前と同じうずまきなのか、
それさえもうずまきにはわかりません。
でも、うずまきはとりあえず、風にのってビューンととんでみました。
流れるように気持ちよく、うずまきは風にのりました。
いつまでも、いつまでも、
流れるようにとんでいたい気分でした。

この物語を作った後で、彼女が語った言葉がとても印象に残っています。それは、「必ずしもハッピーエンドで終わらなくてもいいんですよね」という言葉でした。この物語を書く少し前に彼女は、子どもの童話を読み、そのなかでとても悲惨な終わり方のものがあり、それを読んだとき、ほっとしたそうです。「そうか、それでもいいのか」と思ったそうです。その彼女の言葉は、私の心に深く響きました。実際の現実や人生には、失敗や悲

しい出来事、悲惨な出来事も起こります。そしてそれはそれで、確かに人生における意味あるストーリーのひとつなのです。たとえそのときには意味のあるものとは到底感じられないとしても。この大きな宇宙のなかでは、すべての出来事は大きな織物のなかの一本の糸なのでしょうから。

五十代女性Yさんは、「悲しみ」が若いころからのテーマだったそうです。自分のなかの感情を解放するために、過去のトラウマなどを探るようなセラピーをいろいろ受けたそうですが、感情に触れてそれを解放するだけでは癒やしにならなかったそうです。ところが表現アートセラピーで、悲しみと対話し、表現することで悲しみを鎮めていくことができました。もちろんそこにはいろいろな人生経験があってのことでしょう。感情を解放するだけでは、その感情に圧倒されてしまうこともあります。表現アートセラピーでは、作品という枠（器）のなかでその感情を表現し、感情や体験を心に収め、新たな意味を加えることによって、新しい観点から人生や自分を見ることが可能になります。

そんな彼女の悲しみとの対話から生まれた詩を紹介します。

悲しみの供養

悲しみに心痛め
悲しみに涙流すことでは
悲しみは浮かばれない
決して浮かばれない

悲しみの本当の願いは
生きること
動いてゆくこと
わたしをあらわすこと
わたしと人、わたしと世界をつなぐこと、
わたしと世界、人と世界に橋を架けること

悲しみはわがまま
悲しみはないものしか見えない
悲しみは失ったものしか見えない

生きることを知った悲しみだけが
癒やしの涙を流せる

心や魂との対話が表現された詩や物語に触れるということは、作者の心の琴線に触れ、人生を感じるということです。

ライティングは、「書く」という行為を通して心の整理をし、思ってもいない言葉が浮上するプロセスのなかで、自分の心の奥にある気持ちや考えに気づくことができます。そしてその文章や詩によって、新しい現実を切り取り、創造していくことができるようになるのです。

3 ダンス・ムーブメント

生きている実感を得るうえで、からだを使った表現は、欠くことのできない要素です。表現アートセラピーでは、ウォームアップとして用いる場合と、主たる表現媒体として使う場合、すでに出来上がっている作品（絵や粘土）をより深く理解するために用いる場合があります。

（1）ウォームアップ：からだを動かすと、緊張が解け、表現がしやすくなります。音楽を使ったり、ダンス、ミラームーブメント（二人組で鏡のように相手の動きを真似するやり方）をよく行ないます。

（2）作品の理解のために：描いた絵を見ながら、その絵のなかの線を手やからだでたどったり、絵のなかのもの（たとえば花や動物や物）になってからだを動かしたり、色や全体から受ける印象をからだを使って表現することで、その絵が伝えたいメッセージや意味を汲み取ります。粘土作品やコラージュなどについても、同じように行なうことができます。

（3）主たる表現媒体として：今の自分から出てくる動きを追求していく場合もありますし、テーマを決めて（「溶ける」「のびる」「開く」「閉じる」「自分の問題」「男性性と女性性」など）動くこともあります。

人間彫刻
人のからだを粘土に見立て、からだを使っていろいろなポーズを作り、感情や心身の状態などを表現する。写真は「自分にとっての表現アートセラピー」を三人の人を使って彫刻したもの。

パーソン・センタード表現アートセラピーにおけるムーブメントの方法として、「オーセンティック・ムーブメント」と呼ばれるメソッドが取り入れられています。これは、今の自分から自然に出てくる動きを追求する方法で、決まった振りや動きはありません。

オーセンティック・ムーブメントは、**メアリー・ホワイトハウス**によって始められました。ユング派に属するダンス・ムーブメントセラピーで、クライエントのそのときの状態から自発的に生まれるムーブメントを追求していきます。

オーセンティック・ムーブメントは、目を閉じて自分のからだや内界に感じるものを、からだで表現していきます。特別な振りや型のあるダンスでもなければ、創作ダンスでもありません。音楽も用いません。人に見せるための動きではありません。ほんの小さな動き（たとえば指先だけの動き）でもよいし、また動かないこともひとつのムーブメントと考えます。そして動くときに声や音を出してもかまいません。ですから、きれいに動くことや優美さを目的にせず、瞬間のからだから出てくるオーセンティック（authentic：真の）な動きを追求します。

もうひとつの特徴としては、批判せず、共感的に見守ってくれるウィットネス（証人）がいることです。動く役《ムーバー》とそれを見守る役《ウィットネス》に分かれますが、後で交代します。ムーブメントの後にはそのウィットネスと話す時間をとります。

動いた人が、最初にウィットネスに自分の動いた体験を語り、その後ウィットネスからフィードバックをもらうことができます。ここでいうフィードバックは、分析や解釈ではなく、ウィットネスのなかに自然に湧き起こった実感のことです。作品として形は残せないムーブメントが、ウィットネスのなかに残ります。そして自分の動きについて、それを

メアリー・ホワイトハウス
Mary Whitehouse
ダンスセラピーの確立においてマリアン・チェイスとともに大きな役割を果たした。ユング心理学をベースに能動的想像法を積極的に導入した。

見てくれた人とともに語ることができ、またそれがどんなふうにウィットネスの目に映ったかを確認できます。

からだにはからだの知恵があり、からだの知識とでも呼べるようなものが存在します。自分にぴったり合った動きをしていると、さまざまな気づきが起こってきます。絵に自分の内面が映し出され、いろいろな気づきが得られるのと同じです。

オーセンティック・ムーブメントの面白さは、実際に動いてみるまではどんな動きが出てくるのか、誰にも全くわからない点です。動いてみて初めて、今の自分の感じていること、ストレスの状況やテーマが現れてきます。心のなかを、動きによって覗いていく感じです。思いもよらない感情が出てきたり、自分の願いや希望が表われたり、逆にこんなにも疲れているのだと悟ったり、自分のなかの潜在力や可能性を垣間見ることもあります。その体験は、夢とも似ています。「動きながら夢を見ている」と言ってもよいかもしれません。

ムーブメントのすばらしさは、動いているうちにそこで表出した感情を解放し手放し、次へ動いていくことができる点です。つまり次々と変化するからだ、それにつれて変化する感情を表現できるのです。そしてその瞬間、瞬間に自分にぴったりの動きが表出することで、自分が語られていくのです。言葉は残せますが、ムーブメントは残せません。仮にビデオに録画したとしても、自分の主観的体験とは異なります。そこでウィットネスが重要な役割を果たしてくれます。ウィットネスが動き手の語りを聞き、見ていてくれ、証人となってくれるのです。そしてウィットネスの主観がそれを受け止めてくれます。ウィットネスは「あなたが……のように動いたとき、私にはこう感じられた」とフィードバックしてくれます。そこには分析や解釈はありません。

自分にぴったりの動きによって自分が語られるとき、そこで表現されるものが何であれ、オーセンティックな自分との出会いがあります。それは動きとその場所（スペース）、ウィットネスによって受け止められ、抱えられる（ホールディングされる）のです。

ここで、四十代の女性（Cさん）の体験談を紹介します。


何回目かのセッションで、自分のテーマが浮上しました。それは「悲しみ」のテーマでした。その前までのセッションでは、疲れが浮上したり、フラストレーションを表わしたり、また自分の足腰の強さを確かめるようなムーブメントが中心でした。

その回では、まず床に座っていると、胸を折り曲げる動きが出てきました。胸を前に折り曲げ、床のほうに沈みこんでいく動きでした。すべてがとてもゆっくりでスローモーションのような動きでした。その動きをしていると悲しみや重さ、無力感におそわれました。その動きを続け、しばらく床に沈み込んでいると、今度は少しずつゆっくり背中が持ち上がり、背骨が少しずつ伸びていき、頭が上に引っ張られました。顔が上がり、あごが上にまっすぐ突き出されるところまで完全に伸び切りました。

それは悲しみを突き抜けていく感覚でした。悲しみを突き抜けていくときは、まさに祈りと呼ぶような気持ちになりました。悲しみを突き抜けていくと、次第に生命力が湧いてきて、希望の光が見えてきました。希望のなかで頭がまっすぐ上に伸びました。そこでしばらく至福ともいえる時間を過ごしました。心は穏やかで、開いており、すべてが調和しています。

するとまた少しずつ背中が曲がり、胸が前に折り曲げられ、頭が下がり、悲しみの中に入っていきます。今度はもう悲しみから抜け出せないかもしれないという気持ちを抱きながら、ゆっくりと床に沈み込みます。しばらくするとまた背中が持ち上がり、頭が上がっていきます。またゆっくりと悲しみを通り抜け、軽さと希望のほうへからだは動いていきました。まるでその一連の動きを忘れずに繰り返すことができるかどうか、確かめるように何回もその動きを繰り返しました。何回くらい繰り返したでしょうか。十回、いいえ二十回くらい繰り返したかもしれません。

私の最大の恐れは悲しみで動けなくなることでした。無力感にとどまることが最大の恐れでした。しかし動きのなかで、悲しみを味わいつつ、それを受容しながら動きをたどっていくと、悲しみは少しずつ変化し最後には喜びの感情になっていきました。悲しみと喜びの間は非常に微妙で、時としてどちらとも区別がつかない、不思議な地点を通過します。悲しみは、中間地点で重い悲しみではなくなり、新鮮な感動に近いみずみずしさとなっていきました。そして悲しみのなかにほのかに喜びに近い感情が生まれ、その感情が少しずつ大きくなります。こんなにもゆっくりと悲しみから喜びの変化を感じ、観察したのは初めてでした。そしてからだの動きは、円環的で、あたかも祈りを捧げるような儀式的な動きに感じられました。昔の痛みや傷、辛い感情をそのままに認め、尊重し、平安な気持ちとともに過去の痛みを通り抜けていく感じでした。そして何回もその道筋を繰り返し、通り抜け方を確認し、からだに覚えさせているようでもありました。

私にとってそのとき現れたテーマは、「人生の苦しみや暗い側面、悲しみなどを避けるのではなく、いかにそれを受容し、そのなかで歩みを進め、人生の明るい側面や喜び、希望に向かっていくか」でした。私はこのテーマを、このセッションでからだの実感を伴って体験することができました。そしてからだのレベルでその方法を習得した気がします。それは私にとって大きな収穫でした。

そしてその後ワークショップの最後のセッションで動いているときに、胸のあたりにひとつのイメージが湧いてきました。それはなぜか白鳥のイメージでした。セッションが終わった後に、白鳥のシンボルは「グレース（grace：優雅さ、恩恵）」であると知りました。それは苦痛や困難に対して、優雅につき合うことも意味するとある人が教えてくれました。自分のテーマにぴったりのイメージで、びっくりしました。もちろん白鳥にそんな意味があることは、全く知りませんでした。動いているなかで自然に現れたイメージだったからです。そして後日談ですが、そのワークショップの後、旅行中に偶然車窓から白鳥の群れを見たのです。それは共時性ともいえる体験でした。

ムーブメントによって、自分の抱えている問題を解決する糸口が示唆されることがあります。あたかもからだのもつ知恵に教えられるような体験です。Cさんの場合も、からだが自然に動くに任せることで、「苦悩と悲しみにいかにかかわるか」という普遍的なテーマにひとつの示唆が与えられました。

このようにオーセンティック・ムーブメントは、非常にインパクトのある体験をもたらしますが、これを行なううえでの注意があります。

視覚的なアートであれば、できた作品は、自分の外にあるものとして見ることができ、距離を置けます。またその作品を変えていくこともできます。しかしムーブメントは、からだそのものが素材であり、表現であるので、距離が置きにくく、体験が直接表現となります。トラウマの体験がある方、過去にあまりにも多くの辛い体験をされた方、そしてそれを統合する自我の力が弱っている方は、その痛みが浮上し圧倒される可能性があるので注意を要します。言い換えると、心に余力がない場合は、古い感情に振り回され、停滞してしまう可能性もあります。

直接的な体験はもちろん長所でもあります。動いているうちに感情が解放され、古い感情を手放して次に移っていける点はムーブメントの優れた点と言えるでしょう。特に自由に現在のからだのなかから出てくる動きを追求するオーセンティック・ムーブメントの場合、感情的なものが浮上しやすいと言えます。

4 声・音・音楽

音楽は人に大きな影響力を与えます。静かな音楽は、リラクセーションの効果があるし、テンポが速い曲を聴くとからだを動かしたくなってきます。ムーブメントなどでは音楽を使うことで、からだが動かしやすくなります。また音楽をかけながら、絵を描くという使い方もします。

音楽は、からだを動かすことや絵を描くことの抵抗感を軽減してくれます。また詩や文章を書くときにも、音楽が促進してくれる場合があります。音楽を流したとたんに文章がすらすらと書けたということをよく聞きます。そしていろいろな音楽に触発されて、私たちは自分のなかのいろいろな部分を表現しやすくなります。ただし、後述するように音楽は、侵入的にも働くことがあります。

また表現アートセラピーでは、声や音、音楽をメインに使って自己探求することも行ないます。そして時として音楽を使わず、声のみによる自己表現、自己探求も行ないます。まず声による自己表現を紹介します。

声による表現

声は自分の存在に大きくかかわるものです。自信がないと声が小さくなったり、自分の本当の声以上に高い声、もしくは低い声を出している人もいます。自分の中核（コア）と繋がって声が出ると、声と自分が一致している（統合されている）感覚を体験できます。セッションでは自分の声を取り戻し、大きな声、小さな声が柔軟に出せるように、声のワークが取り入れられます。そして声を出すことでいろいろな感情が開放され、自分のなかの隠れていた感情に触れることができます。声楽家のＩさんが述べていたように、声は自分の「見えない手」であり自分のもっているエネルギーを確実に表現してくれるものなのです。

自分の声を実感するためには、いろいろな声を出すエクササイズが有効です。たとえば二人組になって、普段使わないような動物の鳴き声を出し合ってみたり、意味のない音を発してみるなどのエクササイズは、声に対する抑制をとる効果があります。こうしていろいろな音域の声や音を出し、声の幅が広がると、ある意味で自分の幅も広がっていくのです。

エクササイズによって十分ウォームアップをした後で、セッションに移ります。表現は楽器や既製の音楽などを使わず、自分の声やからだで作る音（手をたたく等）だけで行ないます。

エクササイズを経て抑制が軽減されたら、声の表現を通してさらに心のなかに深く入っていくために、二人組になってお互いの表現を共感的に聞き、見守る方法をとります。まず一人が床に仰向けになり、もう一人は声を聞く人（見守る人——ウィットネス）となってそばに座り、時間を決めて自由に声を出していきます。この方法は「オーセンティック・ボイス」と呼ばれています。

また二人が背中合わせに座って声を出すという方法もあります。一人が声を出して、もう一人がその声を聞きます。一度のセッションで何組もいる場合、背中合わせだと音や声が聞き取りにくいこともありますが、背中の振動を通して声を感じることもできます。相手の背中に支えられることによって恥ずかしさが軽減されます。出したいメロディや音をハミングで出せば聞き取りやすくもなります。昔よく聞いていた歌や童謡のメロディが出てくることもよくあります。

あるセッションで、一人が小学校の校歌を思い出してハミングで歌っていました。そのとき背中を合わせて聞いていたもう一人は、そのことを知らないのに、やはり自分の小学校を思い浮かべていたそうです。セッション後のシェアリングのときに話してみると、二人とも富士山にちなんだ校名の小学校に通っていたことがわかりました。二人ともそれにはびっくりしたそうです。なぜこうした共時性が起こるのかはよくわかりませんが、視覚に頼らないときには、直感が働きやすいのかもしれません。

Dさん（女性・三十代）はオーセンティック・ボイスのセッションで意外な発見をしました。彼女はまず初め、うなり声やオペラの発声練習のような声、怒った声や楽しい声などいろいろな声を出してみたそうです。初めは他人の声が気になりましたが、少し経つと自分が出す声に集中できたそうです。いろいろな声を出すのが面白かったし、解放感があったと語っています。そしてなぜかそのうちにふと「ふるさと」の歌が出てきたそうです。そしてそれを歌っているうちに、彼女は涙が止まらなくなりました。とても懐かしい気持ちになったからだと言います。そして歌いながら、ふるさとに帰りたいと心から思ったそうです。東京出身のDさんにとって、どこか地方にふるさとがあるわけではありませんが、後で彼女が気づいたのは、子どものころ、事情があって母親と別居していて、お母さんが恋しくてたまらなかった時期があったということでした。そうして「ふるさと」を歌っているときに、母や心のふるさとを求める気持ちを強く感じたそうです。そして自分のなかにいまだに母を恋しがる自分がいることに驚いた、とも語っています。

このように、単に声を出していくことでも、自分のなかの無意識の部分がふと顔を見せます。オーセンティック・ボイスのエクササイズは、オーセンティック・ムーブメントと同様に心の深い内容、感情に触れることがあります。

楽器を使った表現

次に楽器を用いる簡単な方法を紹介します。楽器で曲を演奏するとなると、それが可能な人は限られます。ですがいろいろな音を出してみること、そして今の自分にぴったりする楽器を選んだり、音を出して楽器で遊んだり、音で他の人と交流することは、誰にでもできることです。それによって音に対する感受性が強まります。用意する楽器は、ドラム（ジンベ、アメリカンインディアンのドラム、ボンゴなど）、マラカス、リコーダー、トライアングル、鈴、ピアニカ、オカリナ、レインスティック（雨の音が楽しめる中南米の楽器）などです。

いろいろな楽器の音を出し、参加者同士親しんだ後で二人組になって、言葉でなく楽器の音で会話するように交流する試みなどは、簡単にできる方法です。会話をするつもりで楽器をやさしく奏でたり、激しくかき鳴らしたり、音で遊び、反応し合う楽しさが部屋中に広がります。私たちのセッションでは言葉でなく、楽器を使って自己紹介をすることがありますが、遊び心が刺激され、参加者の心が開き一体感が促進されます。

またグループ全体で楽器を使っての交流も一体感を高めます。全員が輪になって、一人ずつ好きな音を出していきます。まず一人が好きな音を出します。次に隣に座った人が、自分の楽器で好きな音を出して加わります（デュエット）。次にまたその隣の人が自分の出したい音を出して加わります（トリオ）。もう一人さらに加わり（カルテット）……、というように次々に加わります。そのまま全員が加わって合奏もできますし、何人演奏者になるか決めておく（たとえば五人が演奏者として順繰りに隣の人に続いて楽器の音で加わっていき、六人目が加わったら初めの一人が抜ける）こともできます。そのときに注意することは、みんなが自分勝手に音を出すのではな

グループで楽器を演奏することで共感や一体感が生まれる

く、お互いに人の音をよく聞きながら一緒に音を作っていくことです。その点は事前に参加者に説明することが大切です。そうすることで他者の表現に敏感になり、音を一緒に作り上げる喜びを感じることができます。ただし、この場合メロディを出す楽器が入ると不協和音が生じて感覚的に不快感を残すことがあるので、メロディが出るものは避けるとよいかもしれません。

音楽は、私たちの心を開く効果があるように思います。それだけ私たちは音に影響を受けやすいとも言えます。逆に言えば嫌な音や音楽には、心を閉じる効果があるのです。そして音は、その場を去らない限り私たちのなかに入ってきてしまいます。そういう意味では、音は侵入的、侵襲的です。そのため参加者の心理的な状況によっては、音や声のセッションは難しい場合があります。特にトラウマを体験している方たちにとっては、大きな音、泣き声、叫び声などは、フラッシュバックを起こす可能性があります。声や音《サウンド》のセッションを行なう際には、セッション中いつでも部屋から出たくなったら出てもよいことを参加者に伝えておきます。

また作品の制作中にバックグラウンドミュージックとして音楽をかける場合、何らかの理由で音楽が耐え難いときには申し出てもらうことにしています。以前クラッシックのピアノ曲をかけたとき、ピアノに関してトラウマのある方が（母親が異常にピアノにこだわり、本人に練習を強要した）、止めて欲しいと申し出たことがありました。そのほかにも他の理由でときどき特定の音楽に関して拒否反応を示す人がいます。その場合は、すぐ音楽を止めることにしています。また、音楽のない静かな雰囲気のなかで制作したい、という希望がある場合も同様です。

音楽に関して言えば、日常生活では、「聴くもの」という受身でいることが多いと思います。表現アートセラピーでは、音楽を「聴くもの」にとどめずに、自分の声で遊んだり、楽器で遊んだり、自分を表現したりしながら、人との交流やかかわりをもちます。声や音、音楽は、自分の内界との繋がりはもちろんですが、その性質上、人とのかかわりの比重が大きくなります。声のやり取り、音のやり取り、音楽を一緒に作るという、交流の楽しさを味わえます。またグループ全体で楽器や声を出して、音楽を作る体験では、グループ全体の調和、また自分の音と人の音をよく聞き、尊重することの訓練になります。また、表現アートセラピーで絵を描いたり、からだを動かしていると、ふとあるメロディが湧いてきたりすることも多く見受けられます。特に作曲などしたことがない人であっても、音楽的な表現が生まれることは稀ではありません。

5 ドラマ

表現アートセラピーでは、ドラマも用います。実際にドラマを演じることもありますし、そうでなくとも「……のように歩いてみる」「……のようになってみる」というエクササイズなどを行います。

「……のように歩いてみる」というのは、たとえば「子どもになったつもりで歩いてみる」とか「王様の気分で歩いてみる」など、今の自分以外のものになることで、意識されていない自分の隠れた部分を感じられるエクササイズです。「子どものように歩く」と、忘れていた子ども時代の気持ちを思い出したり、「王様になる」と、威厳のある、または威張っている気分を味わうことができます。演じるということは、その状態を疑似体験することです。それは私たちの体験の幅を広げてくれますし、私たちのなかには、すべての要素が存在するということを考えると、いろいろな役を演じることで隠された自分を知ることになります。自分のなかのすべての要素を生きることは難しいし、不可能かもしれません。けれどもすべての要素が自分のなかにあること、そしてどの要素が自分のなかでは発達していて、どの要素は未発達または抑圧しているかなどを学ぶことができます。

「子どものようになってみる」ことが難しい人は、たぶん今「大人」の要素が強いのでしょうし、「王様」になりにくい人は、謙虚な要素が前面に出ているのかもしれません。「子ども」の要素があまりに抑圧されていれば、人生を楽しむことは難しいでしょう。反対に「大人」の要素が発達していなければ、現実社会を生きていくことが難しくなります。「謙虚」はゆきすぎると「卑屈」になるし、「威厳がある」は、ともすれば「威張り屋」となります。ひとつの要素、傾向が固まりすぎると、人は動きの取れない、凝り固まったパターンの考えや行動で人生を生きることになります。演劇やドラマは、それを緩めてくれます。自分と全く違う人物や動物となってみることで、私たちの固まったパターンが反省させられ、新しい風を吹き込み、新しい自分を発見させてくれます。そして自分のなかにいろいろな要素や傾向、感情があることを思い出させてくれるのです。

「動物」や「植物」になってみることでも、体験の幅が広がります。「ライオン」になってみると、その自信や誇り、恐れのなさを体験することができるし、「リス」になってみると、勤勉さや、周りへの警戒、かわいらしさ、敏捷さなどが体験できるでしょう。「カエル」になってみると、なんとものんびりした、気楽さを体験できるはずです。また「イルカ」になってみると、泳ぐ喜び、仲間たちと遊ぶ喜びなどを感じることができます。「植物」や浜辺の「砂」「風」など、自分以外のものになってみることで、非常に多くの感覚や感情が体験できます。自分以外のものになってみるエクササイズは、自分について、そして人間性について学ぶうえでとても有効な手段です。子どもの情操教育にも有益です。

実際にグループでドラマを演じるとき、そこには自発性というものと、人との交流というふたつの効果が現れます。演じるという行為のなかに、その瞬間に生じるもの、その瞬間に自分のなかから思わず出てくる、即興性が生まれやすいといえます。即興性にはクリエイティブな部分がかかわってきます。

またドラマは非常に社会的な行為です。それは人と一緒に作っていくものだからです。そこでは共感や一体感が生まれやすく、人と人との繋がりを実感できる特性があります。ただしある程度の協調性や自我の強さが育っていないと、楽しめるものにはならない場合があります。繰り返しになりますが、自分の内界と繋がったうえで、人と繋がるという構成が大切でしょう。

ドラマを通しての自己発見と心の交流

ドラマが表現アートセラピーのなかでどのように使われているかを理解していただくために、表現アートセラピーのトレーニングコースでドラマを用いたセッションの様子を紹介します。プログラムは一週間泊りがけで行ないますが、ドラマのセッションは二日目の夜、二時間半という枠で行なわれました。

まずウォームアップでは、いろいろな人物になって歩いてもらいました。ちょうど夕食後でおなかがいっぱいだったため、「おなかがいっぱいで歩けない人」から始まり、「酔っ払い」や「威張り屋」「いつもあやまってばかりいる人」などをテーマにしてみました。そしてその後、いろいろなコスチュームを着けて、思い思いのキャラクターになり、部屋を歩き回って、互いに関わり合いました。海賊やお姫様、ドナルドダック、カバ、鬼、プレイボーイ、冥界の王子など、さまざまなキャラクターが、いろいろな会話や交流をもちました。自分がそのキャラクターになりきって話していると、別人になる楽しさがあります。まるでそのキャラクターに生命が吹き込まれたように、思わぬ言葉が口から出てきます。それは普段出さない自分の一部であったり、本音であったりする場合も多いのです。

その後全体（二十人）を四人ずつ五つのグループに分けました。一人ひとりが交代でディレクターになり、他の三人を使って、好きなストーリーを演じてもらいました。ストーリーは、自分が好きだった童話や映画をモチーフにしてもいいし、自分自身の人生の出来事（よいこと、ショックだったことなど）でもよしとしました。そして、自分も劇に参加したければ入ってもいいし、途中でストーリーの結末を変えてもいいことにしました。

五つのグループそれぞれが、まったく違う雰囲気で演じていました。あるグループは、童話を題材にしており、自分の好きだった童話を人に演じてもらうことで、なぜそのストーリーが自分の印象に残っていたか、そのころ（その童話が好きだったころ）の自分について発見し、洞察を得ている様子でした。

また別のグループは、自分の人生における辛かった出来事を他の人に演じてもらい、演じた後で、深く語り合い、涙する姿が見られました。そのグループでは、全員が自分の過去の出来事について取り組んでいたようです。

またもうひとつのグループは、非常にダイナミックな演技で目を引かれました。映画や昔話、自分の過去の出来事など、このグループはそれぞれ違うものを演じていました。

また別のグループは、静かな雰囲気のなかで自分の家族の葛藤や人生の一場面を演じていました。

それぞれ雰囲気は違いますが、グループが一体感を味わいながらお互いに共感しつつ、深くエクササイズに取り組んでいる様子が観察されました。

洞察と共感

このセッションに参加者したOさんの体験談を紹介します。

ドラマセッションを受けるのは、初めての体験でした。ファシリテーターの指示を聞き、自分が今まで感動した映画やお話の一シーンを自分が監督になったつもりで、残りの三人に演じさせる。自分も入りたければ入ってもよいというものでした。

私たちのグループは、初め口数も少なく、皆「どうする?」と顔を見合わせ、困惑した雰囲気でした。私も感動した映画といっても瞬時に出てきませんでした。ですが「何かやってみよう!」ということになり、昔話や童話を演じてみることにしました。「誰からやるか?」となり、Eさんが手を上げ、Eさんの指示で桃太郎の話を演じてみることにしました。話は何場面かに省略され自作が加わり、桃太郎が最後におじいさんとおばあさんを食べてしまうという話でした。私も皆もEさんの指示を聞き、始めのほうはどう演じたらいいか戸惑いつつも、終わりのほうは笑いが出て幾分か気持ちが和んでいました。

そしてやりたい人から順番に次はどんな話にするか決め、物語を演じました。私は最後まで手を挙げず、最後に白雪姫を希望し、私は自分が白雪姫になり演技に入りました。他の人同様、物語は何場面か省略し、「王子様がキスをして白雪姫が目を覚まし、その後結婚式をする」という話を、皆で仮装しながらやってもらいました。そのときはまだ、私のなかに恥ずかしさもありながらやっていたように思います。

二十分～三十分ぐらいで四人が終わり、まだ時間があります。皆の状態は、私も含め、やってみて笑いも出て楽しかったようにも感じるが、なぜかすっきりしない空気が流れていたように感じました。

私は思い切って「まだ時間もあるし、今度は自分の人生のなかで思い出に残っている出来事をやってみるのはどうか？」と提案しました。「誰かやってみたい人はいる？」と聴くと、Eさんが「やってみたい」と言い、やることになりました。

Eさんは、インドへ行ったときの、空港での友だちとの別れの場面を再現したいと言いました。少し内容を聞き、私たちは配役を指定してもらい、言葉があればそれも指示してもらいました。そして、私たちはその一場面を二～三度繰り返しました。

演技を見ているEさんの目には、涙が溢れ「ありがとうございました」と言葉があり、終了しました。そして、どんな体験だったかを話しました。Eさんはその場面を見ているうちに、そのときのことが鮮明に思い出され涙が出てきたと言いました。そして当時の自分の気持ちなど、話してくれました。その親友はEさんにとって、本当に大事な存在だったようです。親友のやさしさをまた感じていたようでした。私もEさんの気持ちが伝わり、涙が出ました。Fさんの目にも涙が見えました。話し終わったEさんの顔には涙が消え、今までに見たこともない笑顔でした。

私が演じたのは親友の役で、言葉も一言ぐらいで動きも小さいものでしたが、指示された言葉と動きをし、その場面を皆で演じていると私自身が本当にその親友になったように、言葉や動作に気持ちが入っているのを感じました。

「次にやりたい人?」と聴くとFさんが手を挙げました。Fさんは、カウンセリングを受けに行ったときの先生と友だちと自分、三人の会話の一場面を再現しました。動きと短い言葉の指示を受け、会話のやり取りがありました。私はFさんの役で、二～三度繰り返しました。そして終了後、Fさんに体験を話してもらうと、「皆に演じてもらっているのを見て、あのときの友だちの気持ちと先生の気持ちがわかった」と言いました。何か心残りがあったものが解消されたようでした。彼女もまた、すっきりした笑顔でした。このときも私はEさんのときと同じ体験でした。

次は私がやることになりました。私は何を演じてもらうか少し悩みましたが、勇気を出して、母との一場面を演じてもらうことにしました。これを選んだのは、ドラマセッションと聞いたとき、心のなかの深い出来事をドラマにすると、どんな体験になるなのか、チャレンジしてみたいという密かな欲求が心の隅にあったのだと思います。Eさんに母の役、Fさんに私の役を頼み、それにまつわる話は何もせず、ただ一言ずつ言葉を指示し、Eさん（母）もFさん（私）も泣きながら話をしている場面を演じてもらいました。指示しているときから私のなかで胸が苦しくなり、演じているのを何度か見ているうちに涙が溢れ出ました。とても深い所からの涙でした。

終了後この場面にまつわる話や体験を話しました。この場面は、母に自分の気持ちを正直に伝えることができたときの一場面です。この場面を見ながら私は、自分と母の気持ち、自分の傲慢さや母の愛、お互いの心の繋がりなど、当時のことをいろいろと感じました。

このセッションを通しての体験は、ドラマ化した一場面は、本当に単純なものなのに深い衝撃がからだに走り、客観的に自分と母を見ることができ、深い洞察に繋がったと思います。初め指示しているときは、恥ずかしさや何かもやもやした気持ちがありましたが、淡々と繰り返される場面を見ていると、重たい気持ちがスーッと変化して、気持ちと体が軽くなり安堵感を感じました。重たい気持ちが抜け出たように……。不思議です。

また演技をしている二人も演じながら本当に涙を浮かべていて、とても温かいものを感じました。演じる二人と、見ている私との間に共感的理解が存在していたように思いました。そのことも私の心を癒やしてくれたように思います。そして話し終わった私は、涙は止まり他の二人と同じに笑顔になっていました。

今回私はコースのなかで、自分の深い部分に触れ、それを言葉で表現するのに戸惑っていた面があったので、初めてのドラマセッションは深い部分を素直に表現するきっかけにもなり、とても刺激的な体験となりました。

このようにドラマは見る人、演じる人の心を揺さぶります。ドラマを見ることで私たちのなかで類似の体験が思い起こされ、そのときの気持ちが蘇ります。自分のドラマを演じてもらうことで、その出来事を客観的に距離をもって眺めることができます。そして自分のなかで終わっていなかった出来事が、達成感をともなって心の中に収まる経験となり、より深くその出来事を理解するきっかけにもなります。人が自分のために演じてくれることも、自分がグループの人たちに受け入れられる肯定的な体験となります。また演じている人は、その役の気持ちを理解することができます。

ドラマセラピーにはいくつかの種類があります。実際の人生の一場面を自分が演じる**サイコドラマ**では、参加者（クライエント）はかなりのインパクトを受けます。そこでは実際とは違った筋書きを演じることも可能です。自分が自分の人生を演じる場合、少なくとも過去の感情は直接体験されます。別の方法としては、他の人に自分の人生を演じてもらい、それを本人が見る方法です（**プレイバックシアター**）。この場合は、ある種の距離や客観性が生じます。そして他人が自分のために演じてくれていること、演じている人が共感的な体験をすることも、本人の癒やしを促進します。

体験が辛すぎる場合などは、自分の体験そのままでなく、別の設定や全く架空の物語にして、そのなかで過去の発散できなかった感情を発散する方法もあります。

サイコドラマ
(psychodrama)
モレノ（J. L. Moreno）によって一九三六年に始められた、ドラマ形式を用いた集団療法である。参加者の過去の体験、心のイメージを即興劇によって表現する。

プレイバックシアター
(playback theater)
一九七五年ジョナサン・フォックス（Jonathan Fox）により創られた。参加者は自分が体験した出来事を語り、それをスタッフや他の参加者がその場で即興劇として演じる。

つづいて同じドラマのセッションに参加したJさんの体験を紹介します。Jさんは、どうしても好きになれなかった童話『長靴をはいた猫』を演じて、ある気づきを得ました。

物語は、三人の息子をもつお父さんが亡くなり、その財産を分けるところから始まります。上二人のお兄さんはとても働きものでしっかりしているのに対して、三番目の息子はボーッとしていかにも頼りない感じの男の子でした。上二人のお兄さんたちは、当然ながら畑や家などの立派な財産を受け継ぐのですが、その男の子は怠け者だったということもあり、「おまえはこれで十分だ」と飼い猫を一匹もらい受けます。

それでも、あまり困る様子もなくボーッとしていると、その猫が突然話しかけてきます。「ご主人様、あなたの洋服とその長靴をください。もしいただけたなら、私はあなたを立派な領主にしてあげましょう」。そこから、猫と三番目の男の子の人生が始まります。猫一匹をもらい他に財産と呼べるものが全くなかった男の子でしたが、物語の最後には、猫の働きによりかわいいお嫁さんや広大の土地をもつ領主にまでなり、幸せに暮らすというものです。

この物語はあまり好きではないものとして、ずっと私の心に残っていました。男の子のためとはいえ猫が行く先々でその土地の領民に嘘をつき、そこまでしてなぜこの男の子のためにがんばるのか釈然としないものがありました。またその猫の行動に何の疑問も感ずることなく領主になっていく男の子が、あまりにのんきでその気持ちも理解できないものでした。

　ドラマの配役では、私が猫を演じました。演技は、猫が男の子に自分を連れて行くようにお願いする場面から始まりました。次に行く先々でいろいろなことを言って回り、最後に恐ろしい魔物の所に行き「いくら何でもネズミには変身できないでしょう？」と言い魔物との知恵比べに勝ち、魔物を食べてしまう。そして男の子はほんものの領主になりお嫁さんをもらい幸せに暮らす、という場面で物語は終了しました。

　私は猫を演じましたが、猫役をしながらも新しい気づきはありませんでした。私は相変らず「なぜ男の子は自分から何かをしようとは思わないのだろう。なぜ猫はこんな男の子のために一所懸命がんばるのだろう。嘘をついたり、自分はそのためにプライドまで捨て、危険な目に合い、なぜこの男の子のためにそんなにがんばるのか」と、ドラマが終わっても気持ちは変わらないままでした。

　ところがドラマの一部始終を見ていた監督の感想で、私の考えが変わりました。それは、猫がどれほどその男の子のことを愛していたかが伝わってきたというものでした。猫は幼いころから心やさしい男の子のことが大好きで、男の子とずっと生涯一緒にいたいと願っていたのだろう、というものでした。最初の場面で、猫は一所懸命自分を選んでくれるようにお願いしたり、アピールしていたというのです。その後も、男の子のためにどんなこともやってのけ、最後には本当の領主にまでしてしまう。ドラマを見ていて、けなげにもこんなに男の子のことが好きで、その男の子が幸せになることが猫の幸せだったのだろう、愛するもののために知性と勇気を使い惜しみなく与える愛の物語だというものでした。

この物語をそのように捉えたことは一度もなく、いつも猫は男の子のために馬鹿なことをする損な役回りだし、そのことに気づかない男の子の鈍感さが嫌でした。そんな生き方を選ぶ猫が愚かとしか言いようがない、と思っていました。

その感想を聞いて、「この猫にとってこの男の子の傍にいられるだけで幸せだったのだ、そしてその人が幸せになるために何かをすること、たとえ自分が自分の自尊心を傷つけるようなことがあっても、危険が起きようとも、自分の好きな人のためにがんばれることが猫の幸せだった」という新しい物語の捉え方をすることにより、自分の損をするという考え方に少し変化が起きました。

私は小さいころから、人に何かをすることが自分にとって損か得かということが気になる人間でした。もちろん、損だなと思うことでもすることはありましたが、自分のすることがすべて損をしないような生き方をしたい、と心の深いところで信じていました。だから、これをやると損だと勝手に思っていたり、やってあげると恩着せがましく思っていたり、何か人にしてあげることがいつも損得のなかにかたずけられてしまって、純粋に人に何かをするということができにくくなっていました。また、そのことで苦しむこともありました。自分がずっと損しているような気がして、自分以外の人のほうが苦労せずにおいしい思いをしているのでは、と何かしてもすっきりせず、いつも釈然としないものがありました。

この物語を実際に再現することにより、ギブ・アンド・テイクの愛ではなく、本当にその人のためにがんばって惜しみなく与えることでの幸せもあるのだという、新しい境地を感じることができました。見返りがなくとも、何がなくとも自分がしたいからする生き方もあるのだ、そんな生き方ができるようになったら自分は少し楽になるかもしれないと思いました。そのことは自分をきっと幸せにしてくれるだろうと思いました。

自分が好きだった童話やストーリー、嫌いだった話などは必ずそのなかに自分を読み解く鍵が含まれています。そのストーリーをもう一度語り、人とシェアリングするだけでも気づきがあるものですが、それを演じてみることでより一層の収穫があります。童話や物語に子どものころの私たちはどれほど心を支えられてきたことでしょう。

それぞれの子どもが置かれた状況、心の状況によっていろいろな話が心に響き、心に残ります。そしてその話は私たちを慰め、心を落ち着かせる、拠り所になります。子どものころ、どんな話のどんな場面に惹かれたかを聞くことで、それぞれの人の心のひだに触れることができます。そしてそのときの子どもの純粋な思いに触れ、そのとき子どものころの自分が何を望んでいたかも推察できます。

Part 3

表現アートセラピーの特徴と関連領域

ここでは、表現アートセラピーの歴史や理論的背景、表現アートセラピーの特質について述べます。そしてパーソン・センタード・アプローチについても説明を加え、パーソン・センタード表現アートセラピーにおける、からだとスピリチュアリティとの関係についても言及します。また最後に表現アートセラピーのもつ可能性について、教育、医療、福祉面へのかかわりを述べます。

1　表現アートセラピーの歴史とその哲学

表現アートセラピーは、表現自体や表現のプロセスにおける治癒力を重視し、多様な表現様式（モダリティ）を用いていくセラピーで、単に「表現セラピー（Expressive Therapy）」とか「クリエイティブ・アーツ・セラピー（Creative Arts Therapy）」と呼ばれることもあります。多様な表現様式（インターモダル）を用いるために、「インターモダル表現療法（Inter-modal Expressive Therapy）」という言葉が使われる場合もあります。

アメリカでアートセラピーが始まったのが二十世紀半ば頃で、表現アートセラピーが確立していったのは一九七〇年代ですから、その歴史はそう長くはありません。一九九四年に、**国際表現アートセラピー学会**が設立され、表現アートセラピストの学会認定が始まっています。表現アートセラピーとしての歴史は浅いのですが、人類が多様な芸術媒体で自由な表現を謳歌していた歴史は、太古の時代にまでさかのぼります。「太古の伝統を現代に蘇らせたのが、表現アートセラピーである」と述べたのは、ナタリー・ロジャーズです。

一九七四年は、表現アートセラピーの分野での記念碑的な年といえます。アメリカのレスリー大学で、**ショーン・マクニフ**とパオロ・クニルによる最初の大学院レベルのトレーニングプログラムがスタートしました。このプログラムでは多様な様式を用いる芸術療法のトレーニングとして、それまでのアートセラピーとは一線を画しました。同時期アメリカ各地で、いろいろな表現媒体を取り入れた表現アートセラピーが実践され始めました。その活動を、「マルチ・アーツセラピー」と呼ぶ人もいました。ダンスセラピストがアートセラピーを取り入れる場合や、アートセラピストがダンスやドラマを取り入れる場合もありました。それらの個々の取り組みが、次第に表現アートセラピーというひとつの名前の下にアイデンティティを獲得していったのです。そうして八〇年代にナタリー・ロジャーズが提唱する「パーソン・センタード表現アートセラピー」が確立し、一九八四年

国際表現アートセラピー学会
International Expressive Arts Therapy Association
一九九四年に設立され、三年に一度国際会議が行なわれている。二〇〇五年三月にサンフランシスコで第六回大会が開催された。

ショーン・マクニフ
Shaun McNiff
アメリカのアートセラピーの確立、発展に貢献が大きい。一九七〇年代パオロ・クニルとともにレスリー大学大学院に表現アートセラピーの修士コースを設立した。*The Art and Psychotherapy*など著書多数。

にパーソン・センタード表現療法研究所が設立されました。

ショーン・マクニフは、アメリカのアートセラピー学会の会長も務めた、アートセラピーの領域では著名な人物です。彼は表現アートセラピーを、シャーマニズムや古代の儀式と同様に、魂の諸相をフルに表わし、魂の多面性を表現できるものと考えています。表現アートセラピーに対して、「いろいろなアートを統合すると、一つひとつのものが薄まってしまうのではないか」という批判がなされることがあります。それに対してマクニフはいろいろなアート媒体はお互いを養い、深め合うものであると反論しています。多くのアート媒体に触れることで、人はそれだけより多くの活力を得ると、彼は考えます。

そして表現アートセラピーでは、すべてのアート表現を一度に使うとは限らず、あるセッションでは、絵を描くのみかもしれないし、次のセッションでは、ドラムを叩き、次はダンスを踊るのみかもしれません。もちろん一度に多くの表現媒体を用いることもあるでしょう。しかし問題はすべての表現を使うかどうかではなく、その場、そのときに集まった人たちから自然な流れとして何が生まれるか、そして何が適切な表現媒体であるかを見極め、それを提供することであると、マクニフは語っています。それを行なうためにセラピストはすべての表現の可能性に開かれていなければならないのです。

パオロ・クニルは、「一人のセラピストが、いくつものアートをマスターする（一人の人間が、音楽に長け、すばらしいダンサーで、しかも詩人で、画家というような）ことは不可能である」という批判に対して、表現アートセラピーが大切にするのは、もともとアートのもっている多様性（multiplicity）という伝統であると主張します。表現アートセラピーは、人間の想像力に価値を置き、多様なアートがどのように結びついているかを理解し、専門化という落とし穴を避けるものであると述べています。偉大な舞台監督を例に出し、彼は「何でも屋」ではなく、いろいろなアートの関係を理解し、多様なアートを用いての創造性に長けた者であると考えます。つまり表現アートセラピストは、すべての分野におけるエキスパートである必要はなく、それぞれのアートの関係性、またいろいろな媒体の特性や効用を理解し、その場その場でクライエント（来談者）の状態に応じて一番適切な表現媒体を導入できる者ということになります。ただし表現アートセラピストは、ひとつかふたつ精通する表現媒体をもつことが奨励されています。そして表現アートセラピストは、継続的に自分自身の芸術活動、創作活動を生涯続けていくことが大切だと考えられています。

またクニルは、「表現アートセラピストは、すべての媒体でエキスパートである必要はないが、高い感受性が必要だ」と述べています。これを彼は、「低い技術・高い感受性」（ロウスキル・ハイセンシティビティ）と呼びます。セラピストは表現技術に関しては、低い技術でも問題ありません（絵が上手、ダンスがプロ並み等である必要はない）が、その素材や表現に対する知識や感受性、クライエントに対する感受性というものが問われます。

表現アートセラピーと人間性心理学

表現アートセラピーは、少なからず人間性心理学に影響を受けています。人間性心理学は、人間のもつ潜在的可能性、成長力を信頼し、問題や病理にのみ焦点を当てず、過去の原因を追究せず、分析解釈を行なわず、現象学的アプローチにより現在のクライエントの体験に寄り添うことを基本としています。

人間性心理学は、アブラハム・マズローやカール・ロジャーズなどが中心になって確立され、心理学の分野では第三の勢力と呼ばれており、精神分析が主に人間の病理に焦点を当て、過去に心の問題の原因を求める点を批判し、人間のもつ健康へ向かう力や成長力を信頼し、過去よりは現在に焦点を当てようとしました。また人間の行動が刺激と反応により形成されると考え、主体性や内面的な側面を取り上げない行動主義的心理学に対しても異を唱えました。

つまり人間性心理学は、人間の体験を現象学的な見方で捉えていこうとします。人間は、主体的で意志をもち、自己実現を求め、価値を追求する存在です。人間性心理学はそのような人間の尊厳、自主性を尊重し、一人ひとりの人間に固有な潜在力の発展・援助に関心をもっています。

そして人間性心理学のもうひとつの特徴が、マルチン・ブーバーが述べている「**我と汝**」の関係です。そこには、相手を二つとない個性の持ち主として尊重する対等な目線があります。セラピストは、クライエントの前に権威者として立ちません。セラピストは、同伴者なのです。もちろんセラピストとして専門的トレーニングを積んだ専門家ではありますが、クライエントから学ぶという姿勢をとります。

表現アートセラピーでは、人間性心理学の理論を基礎として、**現象学**的なアプローチでクライエントに対峙します。すなわちクライエントが創造した作品そのものが語りかけるもの、体現するものを見聞き取ろうとする姿勢を重視します。作品と作者から立ち現れるものを受け取り、作者が作品と対話するプロセスにおいて、セラピストが一人の「我」としてそれに付き添い、かかわるのです。その独自な、一回性の関係、一期一会のなかでセラピストは、その作品に対して感じたことを述べます。それは分析や解釈ではなく、その

『我と汝』
ユダヤ教の背景をもつ思想家マルチン・ブーバー（Martin Buber）の著書（一九二三年）。世界には「我と汝」「我とそれ」のふたつの根源語しかないとした。「我と汝」の姿勢とは、上下関係のない対話的精神をさす。

現象学
フッサールによって構想され、彼の継承者と批判者によって展開され続けている哲学の一分野。人間行動を決定するのは、客観的な世界そのものではなく、世界を主観的にどう認知するか、であり、世界とは私たちが意味を与えた世界であると考える。

ときセラピストから生まれるフィードバックです。ただしその原則は、人間性心理学や現象学的立場をとる表現アートセラピーに関して言えることです。アートセラピーにもいろいろな立場（精神分析派、ユング派、人間性心理学派など）があるのと同じように、いろいろな表現様式（モダリティ）を取り入れる表現アートセラピーの実践においても、精神分析派やユング派などさまざまな立場を取ることがあり得るからです。

したがって人間性心理学、現象学的アプローチにもとづく表現アートセラピーにおいては、一般的な意味での分析解釈を行ないませんが、セラピストはクライエントの作品を理解し共感するためにセラピストのなかに生じるフィードバックや問いかけは行ないます。それは言葉で行なわれる場合もありますし、作品に対して作品で返すという方法がとられることもあります。

ショーン・マクニフは、「イメージ・アビュース」（イメージ誤用）という言葉を使って、分析や解釈の弊害を警告しています。クライエントのアート表現をあるひとつの理論（精神分析的であれ、ユング派の元型的理解であれ）に当てはめることで、その他の豊かなメッセージを閉ざしてしまう危険性があるという指摘です。ひとつの解釈をすれば、その他のものは見えにくくなります。マクニフは、作品に表現されたイメージとの対話が、いかに大切であるかを繰り返し述べています。そのイメージをすぐに解釈せずに、長い時間をかけて対話し、次の作品を作り、そのイメージが語る言葉に耳を傾ける姿勢こそが、われわれセラピストがもたなくてはならないものだ、と述べています。

分析的な理解は、問題が深いクライエントや精神科領域などの心理療法においては、見立てのため必要になる場合もあります。それでもなおマクニフが述べるようにその作品や作者との対話は大切であり、イメージによく耳を傾ける必要があります。

クニルはこの点に関して、「結晶化」（Crystallization theory）という考え方をしています。人の成長に不可欠な心理的材料は、時間の流れとともに繰り返し表現されることにより、次第にその人にとっての「意味」が明確になってくる（結晶化する）と考えます。クニルからトレーニングを受けたアートセラピストで臨床心理士の市来百合子氏（二〇〇二）は、人間の非常に深いところから出てきた表現、その人の長い人生のなかで必然的に訪れたものを因果関係で解釈しようという発想は、ゆめゆめ存在しないと、述べています。彼女がクニルから教えられたことは、絵は絵で、ダンスはダンスで理解する、表現された後で「それ」に対してこちらが即興的に話を作る、歌を歌う、太鼓を叩き返すことで、「それ」を理解し、近づいていくことである、と語っています（『アート×セラピー潮流』フィルムアート社）。

2 ナタリー・ロジャーズのパーソン・センタード表現アートセラピー

ナタリー・ロジャーズがパーソン・センタード表現アートセラピーを確立するまでの経緯、そして表現アートセラピーの基本であるパーソン・センタード・アプローチ、クリエイティブ・コネクションと呼ばれる方法についてもう少し詳しく述べます。

ナタリー・ロジャーズは心理学者の父とアーティスト（画家）の母の愛に育まれ成長しました。「アートと心理学への興味がごく自然に生じた」彼女は、大学では、アートと心理学を学びました。二十二歳で結婚し、結婚後は子育てに専念しました。その後、人間性心理学の創始者の一人であるアブラハム・マズローのもとで、三十二歳で心理学修士を取得し、子どもの遊戯療法家として心理臨床の仕事を始めました。このころから芸術療法を自らの臨床に取り入れています。ナタリーにとっては、言葉だけで行なうカウンセリングや**エンカウンターグループ**では満たされないものがあったようです。

彼女は結婚生活後半、夫が自分に期待する女性の役割と、自己を確立し自己実現したいという欲求のはざまで揺れ、葛藤しました。四十二歳で離婚し、東部からカリフォルニアに転居しています。この時期、価値観の大きな転換が起き、フェミニズムへの理解を深めていきました。アイデンティティ・クライシスともいえる時期を体験し、その時期にはさまざまな芸術療法、身体表現、ヨガ等を学び、新たな自己実現、自己改革を遂げていきました。著名なダンスセラピストであるアンナ・ハルプリンと出会い、ダンスセラピーを学んだのもこの時期です（アンナ・ハルプリンもある時期からダンスセラピーのなかでアートセラピーの要素を取り入れています。彼女の娘のダリア・ハルプリンは、表現アートセラピストです）。ナタリーは、まさに自らの体験をもとに独自の表現アートセラピーを生み育てていきました。その様子は、彼女の最初の著書『啓かれゆく女性——中年期における変革の十年』に克明に綴られています。

そして一九八四年、彼女はカリフォルニアのサンタローザでパーソン・センタード表現療法研究所を設立しました。以来彼女は表現アートセラピーのすばらしさを人びとに伝え続けています。

パーソン・センタード・アプローチ

表現アートセラピーは、表現する喜び、創造性、生命力、自己や他者、自然との一体感

エンカウンターグループ
カール・ロジャーズのベーシック・エンカウンター・グループをさす。このグループでは、通常ファシリテーター（リーダーが一人か二人）とメンバー（八人〜二十人）で構成され、数日の合宿形態を取る。話題を決めない自由な話し合いを中心に過ごし、そのなかで真実の対話と自己の探求が行なわれる。グループ経験を通し、自他への理解と受容が増す。C・ロジャーズ『エンカウンター・グループ』畠瀬稔・畠瀬直子訳、ダイヤモンド社、一九七三。

を取り戻すうえで、大きな力となってくれるものですが、それを安全に行なうためにパーソン・センタード・アプローチが重要な役割を果たします。というのも真実の自己、創造性の芽は、柔らかで、とても傷つきやすいからです。批判や分析、評価によって、それは簡単に摘み取られてしまうからです。

これはカウンセリングにおけるひとつの技法として、日本でもなじみの深いアプローチです。カール・ロジャーズ自身、自分の行なう心理療法の呼び名を何回か変え、最後に自分のアプローチをパーソン・センタード（人間中心）と呼びました。それは彼の仕事が、カウンセリングのみにとどまらず、教育界や産業界、国際紛争の解決など、すべての人間を扱うアプローチであると考えたからです。

カール・ロジャーズは、カウンセリングにおいてクライエントが悩みを解決し心理的に成長することを促進するために、カウンセラーが満たすべき条件は、三つあると考えました。

（1）無条件の肯定的関心（どんな人が相談に来ても、その人に肯定的な関心を寄せること）
（2）共感的理解（その相手を内側から理解しようとすること）
（3）自己一致（カウンセラーとしての役割と、人間としての自分が一致すること、すなわちカウンセラーの人間性や純粋さ）

カウンセラーがこの三つの要素を体現するときに、クライエントの心理的な成長が促進されることを、彼自身の実践と研究により発見したのです。

ナタリーはパーソン・センタード・アプローチの哲学を受け継ぎ、表現アートセラピーが行なわれる「環境」を重視しました。分析、解釈を行なわないだけでなく、エクササイズを強要せず、クライエントや参加者の主体性を尊重し、クライエントとともにその場と時間を共有し、成長をサポートする安全で支持的な器と枠を提供する重要性を強調したのです。

ナタリーが心を砕く点は、表現するうえで心理的に安全でサポートされた環境を提供するセラピストの態度です。強制がなく、批判や分析、評価をされずに、「今のありのままの自分」が受容される環境に置かれて初めて、人は安心して自己を表現することができるのです。一般的に人は自分は絵が下手である、音痴である、踊りなどできない、などといった羞恥心や劣等感をもちやすいので、心理的に安全な環境は絶対に必要であると、私自身も考えます。

そしてナタリーは、心理的に安全で、分析や批判をされない環境で、非言語的な表現媒体（視覚的アート、ムーブメントやダンス、音楽やサウンド、声、ドラマ、ライティングなど）を用いて、自己の内面に触れ、それを表現するときに、言葉のみでは到達できにくい自己の内面の豊かさや、創造性すなわち生命力（ライフ・フォース）に触れることができるということを実感しました。ナタリーは、創造性とは、生命力そのものであると力説しています。

私自身の体験からも、パーソン・センタード・アプローチの受容的で、批判や評価がなく、分析解釈もなく、「今のありのままの自分」を認めてもらえる安全な環境は、非常に大切であると感じています。安全な環境のなかで、「私は今何を感じているのだろう？心のなかには何があるのだろう？　からだはどんな感じだろうか？」ということを非言語的な媒体で表現することで、意識にのぼっていない情報を汲み上げることが可能となります。それにより自分についての多くの気づきと発見がもたらされ、阻害されていた生命力や創造性、無意識のなかにあるリソース（資源）と接触することができるのです。

クリエイティブ・コネクション

ナタリーの表現アートセラピーのもうひとつの特徴が、クリエイティブ・コネクションです。これは異なる表現媒体を組み合わせて、連続的に表現していく手法です。たとえばムーブメントと音を通して自分を表現することから始めて、時間を置かずに絵を描いたり、粘土に向かったりします。または絵を描いた後、その作品に触発されて詩を書いたり、物語を書いたりする方法です。

一つのアート様式《モダリティ》から別のアート様式《モダリティ》へ移るプロセスのなかで、表現者は螺旋を描くように、からだ、頭、感情、そして霊性の深みに下りていき、個人の本質的な中心、中核に触れることができると、ナタリーは考えます。そしてその中心こそ創造的なバイタリティの源泉だと彼女は考えます。彼女の二冊目の著書『表現アートセラピー――創造性に開かれるプロセス』（誠信書房、二〇〇〇）では、自らの方法について実例を豊富に用い、論じています。

一般的に否定的な感情と考えられている怒りや悲しみ、寂しさなど、すべての感情が創造活動の原動力になるものであると、ナタリーは主張します。心の闇の部分も統合されるべき大切な自己の一部として考えられています。彼女は、「父カールは、自己の怒りをあまり自覚していなかった」と述べています。特に「怒り」の感情はナタリーにとって、自身の原動力の大切な一部となっているのです。「怒り」などの否定的な感情を、いかに建設的に創造的に使うかということは、表現アートセラピーの関心事のひとつです。

スピリチュアリティとからだ

パーソン・センタード表現アートセラピーのもうひとつの特質として、スピリチュアリティ（霊性）とのかかわりがあげられます。**スピリチュアリティ**とは、感情でもなく、知性でもない、「霊性」「魂」とでもいうべき次元のものですが、個人的な体験を超えて、人と人に共通する集合的な体験に開かれたり、また自分を超えた宇宙や神仏との繋がりとして体験されたり、人と人との絆（人類愛）や深い共感として体験されることもあります。

ナタリーが表現アートセラピーのトレーニングプログラムを提供するなかで発見したのは、人びとの創造性を活性化する場を提供するという目的を超えて、多くの参加者たちが自らのスピリチュアリティに目覚める体験を報告したことです。表現アートセラピーのプロセスのなかで、自らの無意識に触れ、影と直面し、自己の深い個人的な世界に足を踏み入れ、内奥に向かうときに、普遍的、宇宙的なものと出会う体験が多くの参加者に起こりました。そこには創造性とスピリチュアリティの深いかかわりが窺えます。彼女自身、この普遍的なものとの出会いを多く体験しています。

パーソン・センタード表現アートセラピーでは、からだにおける実感、からだで感じ取ることを非常に大切にし、体験的に学ぶことに重点が置かれます。体験的な学びにとっては、からだは無視できない関門なのです。

繰り返しになりますが、セッションにおいてはまずからだの緊張をとり、リラックスし

スピリチュアリティ（Spirituality）
精神性・霊性と訳される。心の平安や至福、他者への共感や愛、調和、自然や絶対者に対する畏敬などにかかわる心の次元。

たうえで種々の表現が導入されます。絵を描く場合でも、初めにウォームアップとしてからだを動かすことにより、より自由で実感をともなった表現が可能となります。また実際の表現においても、ムーブメントや声、ドラマなど、からだを使う表現が組み込まれています。

絵を描くときも「左手描き」(頭で考えず、手に任せる。手が動くままに描く)が導入されますが、これには、からだに任せ、頭(知性)によるコントロールを極力防ぐ効果があります。

パーソン・センタード表現アートセラピーを実践するなかで私自身実感することは、からだという次元がしっかりと組み入れられているため、感情や感覚の実感が促進されやすいということです。そして感情が解放され浄化されることにより、スピリチュアリティとのかかわりが生まれやすいと思われます。またからだに存する生命力やからだの知恵というような、肯定的な資源とも繋がりやすいと言えます。

ナタリーは、スピリチュアルな体験を参加者の多くが報告したことで、表現アートセラピーにおけるスピリチュアルな要素について、認識を新たにしました。ナタリーは『表現アートセラピー』のなかで、次のように述べています。

> 創造的なプロセスに深く没頭することによって、心とからだが調和し、神聖なエネルギーを受け取る入り口が作られる。(中略)個人的、集合的無意識に触れ、影と直面し、それらの恐ろしい、嫌悪する側面を受け入れ、統合し、痛みや怒り、恐怖、苦悩の中に深く入っていくことで、悟りや共感、そして愛の高まりに達し、より全人的な自分となるのです。私たちがもっとも深い個人的な世界を追求して内奥

へと向かうとき、そこで普遍的なものに触れます。

私も表現アートセラピーのプロセスで同様の体験を多く見かけます。おそらく、五感をフルに用い、いろいろな素材や媒体で自分を表現するときに、まず自分の感情への気づきに導かれます。そしてその感情に導かれ、自分の存在のより深い地平に降り、その感情を充分理解し受け入れると、そこでスピリチュアルな体験に導かれるように思います。

私が「スピリチュアル」と表現するのは、「悟り」や「神性の発見」というような高次なものに限らず、「平安」な気持ち、「他者への共感」「希望」というような、自分の苦悩を超えた新しい地平に触れることを含みます。

スピリチュアルな体験に至るひとつの入り口と考えられるのが、からだを通して自己の感情に触れることです。今まで否定したり、抑え込んでいた感情が表現アートのプロセスのなかで浮上することがよく起こります。そしてその感情を理解し、安全なアートの形で表現し、今まで自分のなかに溜め込んでいたものを解放し、それを人と分かち合い、受容されることで、今まで否定していたものを自分のなかに統合するという回復のプロセスを歩みます。からだの実感をもとに感情と触れることで、知的な解釈へ即時に還元することなく、からだの実感にとどまり、さらにその感情を作品やからだの動きを通して表現することができます。

芸術的な媒体を通して、それを作品（絵、ムーブメント、ライティングなど）に表現することで、それらは、生の感情を抱える器、安全なコンテイナーとなることができます。そしてそれを表現するプロセスで、その感情は変容し、新たな意味づけが行なわれます。この点こそ表現アートセラピーの手法に存する長所です。

このようにからだの次元は、全人的な回復を目指すうえで非常に大きな意味をもっています。からだの実感は、「偽りの自己」でない「真の自己」を回復するうえで、欠くことのできない要素です。からだの実感に裏付けられた表現は、「真の自己」の表現であり、自分自身の本質とつながる体験となります。それは、真の自己（自己の核心）との乖離や隔離、断絶がない、自分自身を実感できる体験です。その体験こそ自己信頼の基礎となるものなのです。

自分自身を実感し、自分の中核（真の自己）と繋がり、自己の本質的な部分に触れるとき、人はすでにスピリチュアルな次元と接触しているのではないでしょうか。自己を超越し、宇宙との一体感を感じるような、大きな悟りをもたらす、スピリチュアルな体験もあるでしょうが、それよりは日常的な体験、たとえば生き生きとした実感を取り戻すことで、自己の生命力が高揚し、共感能力が高まるというような、小さなスピリチュアルな体験もあるように思います。このようなスピリチュアルな体験にとっては、感覚や実感が回復したからだが大きく貢献するように思われます。

ナタリー・ロジャーズの日本でのワークショップ

実践例として、日本で行なわれたナタリー・ロジャーズによるワークショップの様子を紹介します。

彼女は、七十六歳の現在もワークショップを開催し、自ら設立した研究所にかかわりながら、元気に活躍しています。二〇〇二年の九月にワークショップや講演、シンポジウムのために来日しました。その年は彼女の父であるカール・ロジャーズ生誕百年にあたり、いろいろな記念行事が行なわれました。ナタリーが来日したのは、父カールと来日した一九八三年以来、十九年ぶりのことでした。東京でもナタリーによる三日間の表現アートセラピーの集中ワークショップが行なわれ、ナタリーは私たちが創造性を開花させる環境を見事に作ってくれました。

東京でのナタリーのワークショップの参加者は、教師、心理臨床や医療、福祉にかかわる者、学生、主婦、会社員など六十人でした。ナタリーとその一番弟子であるシェリー・

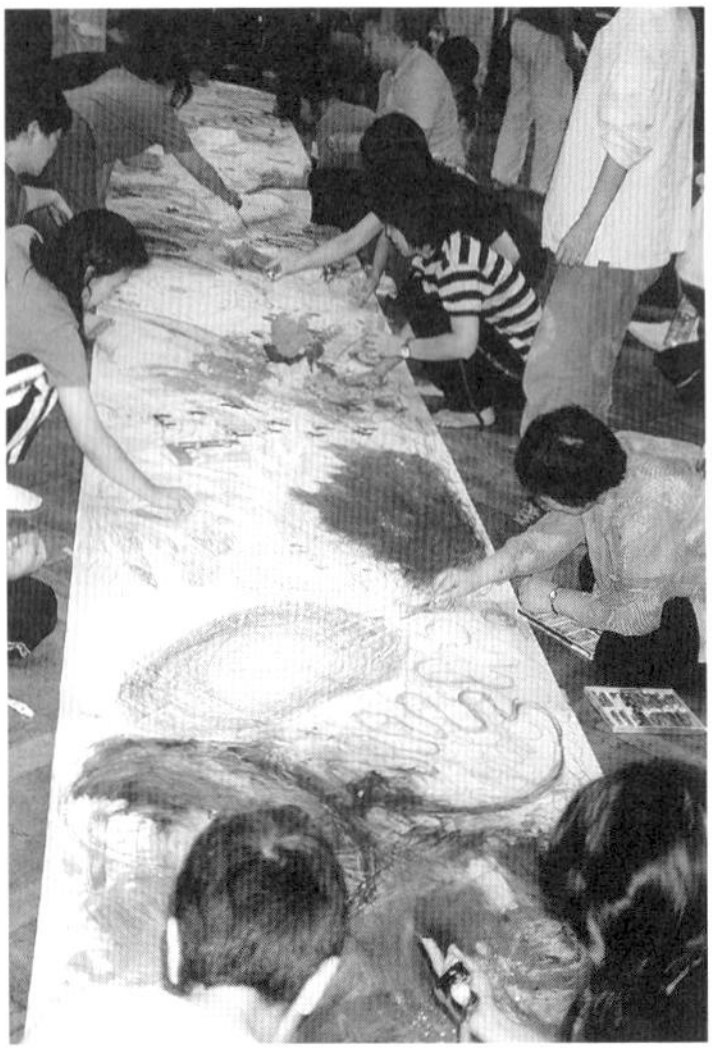

ナタリーによる日本でのワークショップ風景
総勢70人が自由に表現を楽しんだ

デイビス、そして私の三人がファシリテーターで、アシスタントと通訳を含めてスタッフが十人、総勢七十人という大所帯でワークショップは行なわれました。七十人が、いっせいに絵を描いたり、からだを動かしたりする様子は、圧巻でした。

表現アートセラピーの特殊な空間

参加者おのおのが多様な表現を許される空間は、ある種特殊な雰囲気に包まれます。ナタリーは、総勢七十人に及ぶグループをすぐにその空間に引き込んでしまいました。それは、「大人のための幼稚園」とでもいえる雰囲気です。もちろん大人の分別と能力はそのままですが、子どものように自由に自分を表現できる、わくわくするような雰囲気という意味です。失敗や批判を恐れず、自分のなかから溢れ出るものをそのまま出せる特別な場所なのです。

三日間のワークショップの初日、からだを動かすウォームアップやお互いに知り合うエクササイズの後、参加者はさっそく左手を使った絵を描きました。広い講堂の床いっぱいに、六十人の参加者のさまざまな絵が並び、そこはとても生き生きとした空間になっていました。普段の講堂とは全く違う空間です。ナタリーのファシリテーションによって、その場はどんなものを表現しても許され、尊重され、受け止められる空間になっていました。続けて四枚絵を描きましたが、四枚目ともなるとみな自由に、手が動くまま自分から出てくるものを表現していました。早

描く人，歌う人，踊る人と祭りさながらに盛り上がった

めに終わった人は、他の人の絵を見て感心しています。自由で楽しい、リラックスできる空間は、その場にいる者の創造性や生き生きとした感覚を蘇らせる力をもっています。そして上手下手にかかわらず、描かれた絵はこちらに何かを語りかけてきます。たとえそれが悩みに満ちた絵であっても生き生きと悩みを伝えてきます。

ムーブメントも行なわれ、講堂のなかはいろいろな動きでいっぱいになりました。人間のからだはこんなにも多様な動き、表現ができるということが、見ていて新鮮に感じられました。そしてそこにはさまざまな個性があり、人のもつ豊かさを感じさせられる空間でした。それが七十人もの人々によって作られた空間であること、そんなに大人数であっても達成可能なことであるということが、感慨深く思えました。

創造性の開花としての「祭り」

二日目の午前中には、動物になってからだを動かすエクササイズがありました。「怒っている熊」であるとか、「怖がりのリス」「笑う豚」など、みんながアイデアを出し合いながら動き、遊びさながら、すっかり子どもに戻って楽しみました。二日目の夜までには、みなずいぶんリラックスし、自発的な遊び心を取り戻していました。

その晩は六十人による共同画制作があり、その後参加者による自発的なダンスが始まりました。手拍子や、笛やカスタネット、マラカスなどの楽器でいろいろな音が奏でられ始めました。打楽器がなかったため、床や机を黒板消しや灰皿で叩く音なども加わり、踊る人あり、音を出す人あり、見ている人ありと、子どものように楽しむ参加者の盛り上がりには、主催者側も驚くほどの盛況でした。日本人も欧米人に劣らない情熱的な国民性を備えていると、私自身実感させられました。表現アートセラピーの体験者が多かったという要因もあるでしょうが、ワークショップではみなすっかり遊び心を取り戻したようでした。

この晩の盛り上がりは、コミュニティが自ら作り上げた「祭り」でした。そこには計画や話し合いがあったわけではなく、その場の相互交流から自然に生まれ、作り上げられたものです。またこれは、コミュニティから自然発生した「祭り」でもありました。何人かが音楽を奏で始めたかと思うと、それにまた人が加わり、盛り上がっていきました。別な人たちは参加者の靴を並べ、それを飛び越えていく（奇妙ではあるが楽しい）、独自な踊りを始めていました。絵を描き続ける人もいるし、見ている人もいます。踊りにもさらに人が加わり、ダイナミックに踊りと音楽が入り乱れながらクライマックスを迎えました。そしてしばらくして踊りと音楽は、少しずつ終焉へと向かいました。全く計画もなく自発的に生まれたこの祭りは、非常に貴重な体験でした。自由に自分を表現することが許される環境で、見事に私たちの創造性が開花した場面でした。

参加者の感想としては、「久しぶりに自分の茶目っ気を取り戻して、うれしかった」「自分を表現する喜びを知った。絵を描くこと、踊ること、声を出して歌うことが喜びだと発見した」「絵を描いたり、粘土、コラージュで自分を表現することで、自分の内面をはっきり意識できた」「自分の本質的な問題に直面することができた。自分自身のリソース（資源）に気づけた。創造性がいかに脆く、つぶされやすいものか、だからこそ優しく丁寧に扱わねばならないと思った」「学校でもこのようなことが行なわれて、表現することの面白さ、楽しさを実感できる機会が増えていったらいいなと、つくづく感じた」というものでした。

三日間は、非常に充実した濃密な時間でした。日本であれアメリカであれ、文化の違いはあっても表現する喜び、人に自分を伝えたい、一緒に何かを作り出したいという欲求は同じだということを感じました。そして創造的であることの喜びは、自分と世界が繋がっており、自分の表現や個性がこの世界に受け入れられているという実感を伴うものだと感じました。

3 表現アートセラピーの適用

私は現在表現アートセラピーを、いろいろな場で用いています。私が主宰する研究所では、一般の方向けにワークショップや講座、トレーニングを行なっています。そのほかの場としては、主に精神科クリニックのデイケアと介護老人保健施設のデイケアで表現アートセラピーのグループ療法を行なっています。

もちろん表現アートセラピーはグループのみではなく、個人を対象に用いることもできます。私自身、個人カウンセリングのなかでも表現アートセラピーを導入しています。

ここでは精神科でのグループと老人施設でのグループについて、簡単にその特徴を述べます。どちらにおいてもアート体験を提供するわけですが、提供する側が参加者を心から尊重するパーソン・センタードの姿勢をもつことを一番大切にしています。

精神科クリニックでの表現アートセラピー

精神科クリニックのデイケアで表現アートセラピーのグループを始めてから十年が経ちます。私が現在仕事をしている精神科クリニックは、子どものときに虐待を受けた方やPTSDと診断される方、摂食障害や嗜癖、アディクション問題で苦しんでいる方が多く受診されています。

精神科で表現アートセラピーを実施する場合には、枠組みをしっかり設定し、安全なテーマの選定を行なうことが大切です。表現アートセラピーは、からだの実感を高め、内面から湧き上がるものを表現することを主体とした療法です。テーマの設定方法にもよりますが、心の内面が表われやすくなるので、自我の統合力が弱っている方、精神的に混乱されている方には注意を要します。表現アートセラピーを精神科のクリニックで行なう場合、テーマの設定を慎重に行なう必要があります。現在や過去の心の葛藤が出やすいものは避け、肯定的なものに焦点をあてるようにしています。

表現アートセラピーに限らず、強い感情を呼び起こす可能性のあるセラピーの導入には、過去の体験や痛みが浮上しても現在それに直面できる力があるのか、そしてそれを行なう生活環境は整っているのかなどの検討も必要です。そのプロセスをサポートできるシステム（カウンセリングや必要であれば医師の援助）があるかどうかも、考慮したほうがよいでしょう。

精神疾患に苦しんでいる方々は、今まで積み重なった苦悩のため心のエネルギーが低下して自我の力（痛みや苦しい感情を受け止め、心を統合し現実に適応する力）が弱くなっている状態なので、現在の心の状態や心の傷がそのまま出てしまうと、混乱したりさらに落ち込んだりしてしまいます。そのため目的は、自己発見というよりも「アート制作の楽しさを味わい、自分の個性を肯定的に体験する」ことにしています。

精神科デイケアでの表現アートセラピーの**オープンプログラム**では主に視覚（ビジュアル）アートを中心に行なっています。私がリードするグループは、一時間半の枠組みとなっています。内容としては、最初少しストレッチをして、緊張を解いてから制作に入ります。前半はウォームアップとして簡単な絵を描き、後半の時間を使ってもうひとつ作品を作ります。テーマとしては、「自分がほっとするもの」「思い出に残る風景」「好きだった童話の場面」「不思議な汽車に乗ってトンネルを抜けるとどんな場所に行くか」などで、粘土のオブジェ、貼り絵、コラージュなど描画以外の手法も用いています。

また**クローズドのグループ**ではもう少し心の内容が表現され、自己発見のできるようなプログラムになっています。回数は八～十回くらいで、参加は治療が進み心の統合力がついてきた方を対象に医師が判断します。こちらでは、「現在、過去、未来」というテーマで絵を描いたり、今の心やからだの状態を絵で表現したり、ボックスコラージュで自分を表わしたり、ムーブメントを使って自分を表現したり、通常の表現アートセラピーにかなり近いものを行なっています。参加者からは、「言葉で語るグループでは、気持ちが表現しにくい。言葉で過去を語ると悲惨な気持ちになってしまう。絵だと心が少し解放され、楽しみながら過去を振り返ることができる」「自分の気持ちを表現するのが苦手で、言葉で表わすのも難しい。絵に描くと抽象的でもいいので表現しやすい。気持ちを絵にすると『こういう感じなんだ』と理解できる。また日常でそういう気持ちになったとき、絵のイ

オープンプログラム（オープングループ）週一回、誰でも参加できる。毎回参加者の顔ぶれが異なる。

クローズドのグループ参加者は、あらかじめ決められており、一定期間同じ顔ぶれで行なわれる。

メージが心に浮かび、その気持ちと少し距離を取れた」「色の変化、線の変化により自分の変化を感じる」「表現アートで表現すると、今の自分よりも少し先の成長した自分が現れ、希望がもてる」という感想をいただいています。

言葉で自分を表現するのが苦手な人にとって、アートは自己表現の有効な手段になります。そしてアート表現の楽しさが支えとなりながら自己発見を進められる点が大きなメリットです。作品を通して自分の個性を受け入れることで自己肯定感が増し、自分を人に語ることで、自分を語る言葉を獲得していくことが可能となります。また作品にすることで心のなかが整理され、自分のなかの気持ちに振り回されることが減り、気持ちや悩みと少し距離をもてるようになります。気持ちと距離をもてるということは、自分の心を抱えられることであり、治療に向かう大きな一歩となります。また、誰にとっても悩みを抱えながらもそれに翻弄されずに自分の道を歩むことは、創造的に生きるうえで大切な要素です。悩みがなくなり、心の傷が完全に癒えることは厳密にはあり得ません。悩みや心の痛みも、人生の一部であり、創造的に生きることと切り離せない関係にあるのです。

老人施設での表現アートセラピー

群馬県の老人保健施設で月に一回、十名ほどのグループを対象に表現アートセラピーを行なっています。プログラムの名前は「手作りアートの会」とし、簡単な作品制作を通して表現を楽しんでもらっています。パーソン・センタード表現アートセラピーの原則である「安心できる場である」こと、「作品の完成や技術や技能の習得を目標としない」こと、「個人を尊重する」ことを徹底し、比較的簡単で楽しめるもの、そして作者の個性が表現されやすいテーマや素材を選んで行なっています。時間は無理のないところで一時間にしています。高齢者にとっては作品の出来栄えは気になるので、上手下手があまり出ず、誰がやってもある程度の作品になるものをテーマにするよう工夫しています。

実際に始めてみると、まず介護スタッフの方がびっくりされます。「こんなに集中できるなんて……」「こんな面があったとは知らなかった……」など、お年寄りたちが集中して座っていられたことともに、普段見られない熱心な様子や、作品から垣間見る一人ひとりの個性や内面に驚かれます。なかには作品を作ったことをすぐに忘れてしまう方もいれば、失語症の方、「自分は年寄りで何もできない」と自己評価が低い方も多くいますが、作品にはその方の個性が表われます。今まで見えなかった存在感や個性が輝き始めます。何より楽しい時間がもて、集中し作品を作ることに満足感を覚え、そして人からほめられることで、生活態度が意欲的、積極的になることが介護スタッフにより観察されています。また他のメンバーの作品に興味を示さなかった方も次第に他のメンバーの作品に対して感想を述べたりするようになり、相互コミュニケーションの向上もみられました。

また本人のみならず介護者や家族が、作品を見ることの意味が大きいと私は感じています。普段なかなか本人の心や内面を窺えず、その方の個性や存在感を感じる機会が少ない場合、作品を見ることで、改めてその方々の個性や尊厳を感じ取ることができるからです。

初回から、さっさと自ら取り掛かる方もいますが、緊張気味で「何もできませんよ」「年寄りに何をさせるんですか」「駄目ですよ」と、なかなか取り掛かれない方もいます。そういう方には、スタッフが無理強いせずに「こうしてみますか？」と一緒に何か作るという姿勢で、意向を尊重する形でかかわります。そうするとたとえば色紙に和紙と押し花を貼るセッションでは、「これでなくて、あれを貼りたい」「ここでなくて、そこに貼りたい」とこだわりが必ず出てきます。これがアート制作の不思議な点なのですが、自分にぴったりする表現がそれぞれあるのです。そしてそれが、個性の現れなのです。作品はふたつとして同じものがありません。大胆にいろいろ貼って表現する方、少量を貼って余白を大事にする方、それぞれです。そして作品が完成したときの満足そうな表情は格別です。

酸素吸入が必要な方でも、制作中は必要がなくなったり、初めは指で材料をつかむことが困難だった方が、小さなものでさえ指でつかみ配置することが可能になったり、身体的な面でも改善が見られます。精神的な面では、「自分は駄目だ、何もできない」という発言が多く自分からは制作されなかった方が、何回か参加されるうちにそのような発言が減り、そのうちに自分から進んで制作されるようになり、日々のリハビリやその他の活動にも以前より積極的になりました。月に一回一時間にもかかわらず、継続することでその時間以外の場でも変化が見られたことは、私にとっても介護スタッフにとっても驚きでした。

高齢者との取り組みにおいては、ペースや意向を尊重し、作品の完成や技術の習得を目的とせず、一緒に楽しい時間を過ごすことが一番大切なことと思われます。

4 表現アートセラピーの応用と今後の展開

教育の現場で

いろいろな表現に親しむことが芸術全般における感受性を高める、という信念をもっている人びとがいます。前出のパオロ・クニルもその一人です。

彼はそれぞれの表現様式《モダリティ》には、いろいろな要素がかかわっていると主張します。たとえば、絵を描くときには、視覚的イメージのみがかかわるのではなく、手の動きを初めとするからだがかかわるし、色のリズムを通して語りかけてきます。そして絵は、物語を喚起し、時としてそこから行為が生まれることもあります。音楽は、聴覚のみがかかわるのでなく、リズムとサウンドを通して感覚運動や視覚にも訴えかけます。また言葉や韻も含まれるため、強い視覚的なイメージを喚起させることもあります。ダンスは、身体、感覚運動のみでなく、視覚的イメージや、音や音楽もかかわってきます。動くことによって、イメージが湧いたり、そのイメージがさらに動きの源になり、そこに音や音楽が加わりながら発展していくことも多いのです。また詩は、言葉のみでなく、リズムや音楽的要素をもち、視覚イメージを喚起します。ですからすべての表現に親しむことで、芸術的感受性が向上し、表現能力が高まるとクニルは考えています。

そして、すべての芸術が生まれる源であるイマジネーションも、多様なモダリティをもつと考えます。魂がそれを通して語ると考えられる夢を例にとってみれば、夢のなかでは視覚イメージのほかに音や動き、行為や物語が織り込まれています。

一九五〇年代にウォルフガング・ロシャーというドイツの音楽家であり舞台監督であった人が、ある特別な音楽教育法を編み出しました。それが、**多元美学**（polyaesthetics）です。ロシャーはその理論にもとづき、音楽家の卵たちを音楽のみならず、ダンスにおけるリズム感、色や形における視覚的能力、詩的な感受性、モチーフを発展させるドラマの理解などにおいて訓練しました。現在もこのメソッドは、確立した方法として、オーストリアやドイツの多くの学校で教えられています。

八一ページで紹介した、Iさんの例でも歌のレッスンに他の媒体での表現（絵やからだの表現）が取り入れられ、大きな効果を発揮しました。すべての感覚と媒体が相互促進的に働くことが見てとれます。

多元美学
中地雅之氏が一九九九年の音楽教育学会で、「ドイツ語圏の統合的音楽教育における即興表現の位置 — Wolfgang Roscher の多元美学教育論における〈即興〉の統合性」と題して発表している。

LTTAの表現アートの導入例

芸術療法は、子どもの心の問題に関しても大きな治療効果をもたらします。阪神大震災やその他の犯罪被害、事件後のPTSD（外傷後ストレス症候群）などで傷ついた心のケアに、アートセラピーやドラマセラピーなどの芸術療法が、大きな効果をあげています。また心の問題の予防としての情操教育や心育てに、芸術療法は大きな力を発揮します。

またさまざまなアートは、学習の促進も援助します。自己表現を楽しみながらできる学習は、子どもの好奇心を刺激し、集中力を高め、自己評価も高めます。

表現アートを学習の向上（すべての子どもの学ぶ力を向上させる）のために、教育に取り入れている活動があります。カナダにある Learning Through The Arts（アーツを通しての学習、以下

LTTA）という団体は公立学校でアートを取り入れたカリキュラムを実施し、カナダを中心に全世界で、教師やアーティストのトレーニング、学校へのバックアップを推進しています。すべての子どもには学ぶ力が備わっており、したがって学習から取り残される子をひとりも出さないようにしよう、というのがこの団体の目的です。この取り組みは表現アートをセラピーという枠組みで使うのではなく、芸術的表現を学習の促進と子どもの成長のために用いています。そのためLTTAではセラピーという言葉は使いません。

LTTAのカリキュラムでは、主要科目（国語、算数、理科、社会など）の学習の促進にアートを使います。たとえば数学を教えるときに視覚アートや歌を使い、語学や科学を教えるときに歌やドラマ、ダンスを使い、社会科に物語やドラマを用います。創造的な表現を使いながら学ぶことで、子どもの全人性を発達させようとしています。そして学科の学習の向上のみを目的にせず、すべての教科の結びつき、事物の相互関連性を子どもたちが学び、好奇心を失わず情熱をもって人生を生きていくことを援助したいと彼らは考えています。LTTAのプログラムでは訓練されたアーティストが教室を訪れ、教師とともに授業を作っていきます。

身体的な器用さに欠ける子どもは、社会的な接触を避け、引きこもりに発展しやすいと言われます。そのような子どもには、創造的ムーブメント、音楽、視覚的アート活動を通して、抵抗感のない環境のなかで、身体運動的な機能を伸ばしていきます。また知識を記憶するのが苦手な子どもに対しては、知識と視覚的なイメージを結びつけ、ドリルや九九などに音楽を加えて楽しく覚えやすくするなど、さまざまなアートを用いて、子どもの学習をサポートしています。

LTTA
Learning Through The Arts
表現アートを学習の向上のために教育に取り入れるプログラムを提供しているカナダの団体。公立学校でのカリキュラムに表現アートを取り入れ、アーティストと教師が協力して授業を進める。アーティストや教師のトレーニングも行なっている。

ＬＴＴＡの事務局長であるアンジェラ・エルスターが、私に語った具体的な例です。ある小学校では、六年生の数学の授業にシンガーソングライターを招きました。そのときある男子生徒が「算数は、大嫌いだ」と告白しました。掛け算が大の苦手な彼にとって、算数は拷問同然でした。そこでシンガーソングライターは、算数嫌いの彼のために、クラスのみんなで一緒に歌を作ることにしました。「アメリカの黒人たちが、昔辛い体験を歌にしたのがブルースなんだ」と前置きし、「算数ブルース」を作ったのです。そしてその歌のなかに掛け算を思い出す歌詞を入れ込みました。その数週間後に、算数のテストが行なわれたところ、男子生徒は見事百点をとりました。学習が拷問となり、毎日いやいや学校に行く子どもにとって、アート表現を使った授業が大きな救いとなる好例です。生徒の輝く顔が見えてくるようです。

また場面緘黙《ばめんかんもく》（九九ページ参照）の子どもが、ＬＴＴＡのカリキュラムを受けることによって初めて言葉を話す事例も多いと報告されています。人とかかわることが苦手な子どもがドラマを通して人と交わることで、人との交流を楽しみ積極性を発揮するようになったり、自国の文化を恥じていた子どもがアートを通して自国の文化を見直し自国文化に誇りを持ったりと、学業だけでなく子どもの全存在にかかわる向上が見られます。

このプロジェクトのユニークな点は、学校全体が合意したうえで、プロジェクトに申し込むと、訓練を受けたアーティストが学校を三年間定期的に訪問します。そして教師とアーティストが協力して授業を作っていきます。カナダでは現在、幼稚園から高校までの公立教育に導入されており、二〇〇四年には三百校以上でこのプロジェクトが採用されました。教師やアーティストのトレーニングはニューヨーク、スウェーデン、フィンランド、イタリア、シンガポール、マレーシアなどでも行なわれています。日本では二〇〇四年七月にLTTAから二人の講師を招いて、講演会と研修会を行ないました（表現アートセラピー研究所主催）。そこでは、アート表現を使った興味深い授業がたくさん紹介され、知的障害や発達障害をもつ子どもたちにとってもとても有効であることを参加者に実感してもらいました。毎年先生方を招き、日本でもLTTAを広めていきたいと思います。

LTTAの活動には、**ハワード・ガードナーの提唱する「多元的知能」**が理論的基礎となっています。多元的知能の考え方では、人間には七つの知能があります。

（1）言語的知能――言葉を有効に効率よく使うことができる。
（2）論理・数学的知能――数学を効率的に扱い、理論づけて考えることができる。
（3）空間的知能――視覚、空間的な世界を正確に捉えることができる。
（4）音楽的知能――音楽的刺激を上手に受け取り、聞き分けることができる。
（5）身体・運動的知能――身体を使い、考えや感情を表現することができ、器用さを必要とする作業を効率よく行なうことができる。
（6）人間関係的知能――他人の気分、動機、感情などを理解することができる。
（7）内省的知能――自分のことを知り、それに応じた行動ができる。

今まで知能検査等で測っていたのは、この七つの知能のうち（1）と（2）の知能のみであり、現在の教室で行なわれている教育は、（1）と（2）の知能が高い生徒しか効率よく学ぶことができず、他の知能が高い生徒に適した教育ではないとLTTAは考えま

ハワード・ガードナーの「多元的知能」
Howard Gardner: *Multiple Intelligences.* Basic Books. 1993.（H・ガードナー『多元的知能の世界――MI理論の活用と可能性』黒上晴夫訳、日本文教出版、二〇〇三）

す。学習のスタイルにも多様性があり、七つの知能のすべてを刺激するような学習環境がこれからの教育のあり方といえるでしょう。

日本での研修会で紹介された授業の実例のひとつに、数学をダンスで教えるというものがありました。ある高校の授業で実際に行なわれた例です。授業の目標は、円、円周、円の中心、そして弦（中心を通らない円周の二点を結んだ線）の概念の理解で、この概念をダンスを通して教えます。まず何人かの参加者（七、八名）に前に出てもらいます。講師は「皆さんは、これからダンスを作ります。からだのポーズや動きで、円周、中心、そして弦を表現してください。ダンスには初めと終わりがあり、動くことも静止することもダンスです」と説明し、どういう動きで、それぞれの概念を表現するかを生徒たちに相談してもらい、少し練習してもらいます。ダンスの初めはどのポジションで始まり、どのポジションで終わるかも相談して決めてもらい、最後にグループごとにダンスを披露してもらうというものです。講師は技術的な指導や美的な指導はしません。ただダンスの枠組みを説明し、後は生徒に任せます。このやり方で一度ダンスすれば、この概念については一生忘れることなく体感として残るでしょう。最後のダンスは、見ていてこちらも楽しくなるようなもので、技術的には高度なものではありませんが、美しさや調和を感じさせるものでした。研修会で生徒役になった参加者の感想も、「楽しく学べた。こうして学んだものは忘れがたい」というものでした。

研修会ではそのほかにもダンスで図形の対称、非対称を教える例や、外国の文化をその国の物語（ストーリーテリング）とドラマを使って教える社会科の例、脳の構造について、参加者がいろいろな脳の部位になり、それぞれの脳の役割を演じることで脳の仕組みを理解する試みなど、さまざまな実例が示されました。心やからだ、自分の個性や人間性をフルに使いながら学習できるとともに教科の授業でありながら情操教育も同時に行なわれ、他文化の尊重や理解も学習する機会が提供されました。

ＬＴＴＡの講師が紹介した最近の脳研究によると、芸術活動を行なった後、脳細胞ではニューロンが著しく成長するという結果が示されました。

ある概念や科目の学習のために芸術表現を使うことが、非常に有効であることをＬＴＴＡのプログラムは実証しています。ただし学習という枠組みのなかで芸術表現を用いるので、自由な自己表現とは異なります。したがって、それ以外に自由な芸術的表現が許される時間や体験は、しっかりと確保するという認識は必要です。

医療と表現アート

医療の領域においてもアートが注目されています。これは今、アーツ・メディスン（医療のなかのアート）という動きとなって、広がっています。アートセラピー、ミュージックセラピー、ダンスセラピー、詩歌療法などが病気の回復や全人的な癒やしに効果があるとして注目され、全人的ケアのために用いられています。芸術療法によってリラックスし、気持ちが落ち着き、喜びを感じることにより免疫力が上がって、病気に対する抵抗力がつくばかりでなく、からだだけでない心のケアも行なうことができます。からだが病んだときには、心もケアを必要としています。全人的ケアのアプローチとしての芸術療法の有用性は、広く認められるところとなっています。

フロリダのシャンズ病院は、主に子どものがん患者に対して、いろいろな芸術療法を取り入れたアプローチを行なっています。その様子は、フロリダ大学が編集したビデオ「カラー・マイ・ワールド」(Color My World: The Arts in Medicine. WUFT-TV. Gainesville, Florida)で見ることができます。また後述する**マイケル・サミュエル**の本にも紹介されています。そこでは、いろいろなアーティストが病院を訪れ、患者と一緒に絵を描いたり、ダンサーが病室を訪れ、動けない患者にダンスを見せたり、ドラマセラピストが病室で、患者のためのドラマを演じたり、詩人がベッドサイドで患者と一緒に詩を書き、ホールでコンサートや患者の詩を読む会が催される病院の、壁や天井に患者や家族の作品(絵やタイル)が貼られています(天井に絵が貼られるのは、子どもがストレッチャーに仰向けに運ばれることを想定してのこと)。また、患者の部屋を訪れるときに医師がピエロの鼻をつけ、パペットを持参し、子どもに話しかけ、家族にもケアのための絵を描くスペースなどが提供されています。病室のベッドで詩人と一緒に詩を書く青年、何時間も透析器の隣で過ごさなくてはならない子どもが、その間に絵を描く喜びを味わっている姿、ある少女の病気との闘いを役者たちがドラマにして少女の目の前で演じる様子などがビデオで紹介されています。

病院という空間に、芸術がいろいろな形で織り込まれている様子は、あたかも白黒の世界に、さまざまな色が生き生きと入り込み、マルチカラーの世界になっていくようです。患者が病気である以前の自分を思い出す機会が、そこではたくさん与えられています。

アメリカで二十年以上、イメージ誘導やアートを用いてがん患者とかかわっている医師マイケル・サミュエルは、著書『クリエイティブ・ヒーリング』のなかで、アートは、からだと心の双方に働きかけ、人を癒やすものであると述べています。アートが身体的、精神的に病んでいる人びとによい効果を与える研究は数多くなされており、多くの研究は、

マイケル・サミュエル
Michael Samuels & Mary Rockwood Lane: *Creative Healing*. Harper San Francisco. 1998.

アート、音楽そしてダンスが生活の質（クオリティ・オブ・ライフ）を改善し、痛みを減らし、心の姿勢を変え、うつ状態を軽減し、症状緩和に役立つことを示しています。

また、癒やし（ヒーリング）は病気の治癒（キュア）を必ずしも意味せず、たとえ病気自体は治らなくても、その人の人生が癒やされ、その人が生きる意義を感じる生活を送ることが大切である、と彼は定義します。アートは、人をストレス状態から深いリラクセーション状態へ移行させ、生理学的な変化をもたらします。そして心を恐怖から解き放ち、想像力とインスピレーション溢れる状態に変化させます。というのもアートは自律神経に影響を与え、ホルモンバランスを変え、脳波に影響を与え、血圧や免疫システムを変化させるからです。それに伴い、情緒的状態、心のもち方が変化し、痛みに対する知覚が変わり、希望や肯定感が生まれ、人びとが病気や困難に立ち向かう力を取り戻すことができるのです。

実際アートの作業をしているときに、人はすべてを忘れ、ある特有の集中状態になります。意識ははっきりしていながら深いリラクセーションの状態になるのです。瞑想状態とも似て、心は平安と喜びに満たされます。そしてサミュエル医師が述べるように、癒やしは内的な強さに触れることから起こります。それは外から与えられるものではなく、自分自身のなかにある強さや喜びに触れることから起こるのです。アート表現を通して「自分自身と恋に落ち、自分を愛する」ようになる、と彼は述べています。「自分と恋に落ちる」という言葉は、まさに名言です。これはアートにかかわっているときに感じる、自分と世界との一体感、そしてそのときに体験する高揚感をよく表わしています。

これらの試みは、一人のセラピストがいろいろな表現媒体でクライエントとかかわる、表現アートセラピーとはまたアプローチが異なりますが、いろいろなアートの表現を可能にしている点は、共通するところが多いと言えます。そしてこれらの試みは、患者が表現したものを分析や解釈をしないという点で、表現アートセラピーと共通します。またこれらのプログラムでは、アーティストがセラピストとしてではなく、一人の個人として患者とかかわり、双方にとって意味ある時間をもつ点が、強調されています。

このように表現アートは教育、医療、福祉の分野においても大きな可能性を有しています。

日本での展開と将来性

表現アートセラピーが台頭した一九六〇年、七〇年代には、万人による表現の重要性が認識され、創造的な表現を社会や人びとのために用いようとする芸術界の動きが起こりました。人間の体験や感情のすべてを言葉で伝えようとするときの言語の限界性、異なる形態での象徴的な表現が人間の基本的欲求を満たすものであるという心理学的な背景に触発され、ひとつのアート様式での表現という枠を超えた、自由な表現を謳歌する表現アートセラピーが生まれました。

欧米では現在、表現アートセラピーは、医療、心理臨床、カウンセリング、ソーシャルワーク、看護、教育、宗教などの分野で用いられています。最初は精神科の病院やクリニック中心で用いられたものが、今では学校、ホスピス、地域センター、災害センター、教会、刑務所、法廷、文化施設、そして仕事場へとこの動きは広がっています。精神障害、認知障害、トラウマと喪失、アディクション（嗜癖）、発達障害、人間関係の葛藤、ストレスや多種の悩みなどに対処し、対象も子どもから成人、高齢者とすべての年齢層にかかわっています。

日本では表現アートセラピーの取り組みはまだ始まったばかりです。現在私を含め、表現アートセラピーのトレーニングを海外で受けた者たちが、それぞれの場で活動しています。病院やクリニック、地域センター、学校や大学、そして各自の講座やクラスで表現アートセラピーを実践しています。しかしまだその数は多くありません。日本でもトレーニングが始まり、これからこの取り組みがさまざまな場で浸透していくことを願っています。

表現アートセラピーは、どんな文化圏や国であろうとその真価を発揮します。日本では自己表現に関して、特にトラウマをもった方が多い（上手、下手の評価を下され、表現する気持ちが萎えている）ように見受けられます。その意味でパーソン・センタード・アプローチが大切だと考えています。言葉で「評価を下さず、人をありのままに尊重する」と言うのは簡単ですが、実際にそれを身につけることはたやすいことではありません。私たちは、表現に対して「上手下手、おもしろい、つまらない、すごい、たいしたことない……」など技術や熟練度で判断することに慣れてしまっているのです。ですからトレーニングと修練が必要になってきます。そのスキルを身につけたファシリテーターが今後よりいっそう増え、いろいろな場で活躍していってもらいたいと思います。

特に「表現アートセラピー」と呼ばなくても先述の声楽の先生のように同様の理念をもって教育や治療の場で実践されている方々は、この日本中にたくさんいることでしょう。またパーソン・センタード・アプローチと呼ばなくとも、相手の人格をありのままに受け入れ尊重する態度を身につけている方も多いと思います。そして今私が行なっているのは、絵画、粘土、ムーブメント、ダンス、音楽や声、サウンド、詩や物語、ドラマなどですが、それ以外にも表現アートセラピーに導入できる様式（モダリティ）があるかもしれません。それは日本に昔からある伝統的な表現方法かもしれませんし、最近生まれたものかもしれません。そうした未知なる様式と表現アートセラピーの理念が統合されて、日本的な表現アートセラピーが生まれてくるかもしれません。それほど表現アートセラピーは自由であり、柔軟であり、誰にも、いつでも実践できる普遍性を秘めたものであると感じています。

アートに触れることで人のもつ潜在力、無意識のリソース（資源）が活性化されることをかんがみると、これから日本でさまざまなアート表現や表現アートセラピーが医療や教育のなかで取り入れられることを願ってやみません。

表現アートセラピーのこれからの方向性

医療

＊慢性病や難病、末期の患者さんに対して行なうことで、病気に対する免疫力の向上、生きる力をサポートする。

＊さまざまなトラウマ（虐待、災害被害、犯罪被害）に対処し、回復を援助する。

芸術教育

＊芸術教育のなかで用いられることで、生徒の可能性や表現の幅をさらに広げることができる。

教育

＊さまざまなアート表現を教室で用いることで、より楽しく学びながら自然に学力が向上する。

＊表現アートセラピーを導入することで、子どもの心の成長を育くむことができる。

＊子どもたちの創造性を伸ばす。

心理臨床

＊カウンセリングやグループ療法のなかで用いることで、クライエントの潜在的なリソースを活用でき、個性が自覚され自己評価が向上する。またセラピストとクライエントのコミュニケーションが高められる。

福祉

＊高齢者の方に導入することで、生活の質の向上、病気の予防、自己評価や身体機能を向上させる。

＊さまざまな障害をもつ方に対して、生活の質の向上、自己評価を向上させる。

産業

＊創造性を開発する方法として用いる。

＊職場のストレス軽減として用いる。

一般

＊いろいろな心の悩みや葛藤の解決。
＊潜在力や創造性をのばす。
＊ストレス解消。
＊自己理解を深める。
＊心身の健康増進。

引用・参考文献

Allen,P.B. (1995): *Art is a Way of knowing*. Shambhala Publications Inc.

Bradshaw,J.(1990): *Homecoming:reclaiming and championing your inner child*. Bantam Books.（新里里春監訳〈二〇〇一〉インナーチャイルド――本当のあなたを取り戻す方法・日本放送出版協会）

Buber,M.(1970): *I and Thou*. Macmillan Pub Co.

Cameron,J. (1992): *The Artist's Way: A Spiritual Path to higher Creativity*. Jeremy P. Tarcher/Putnam.

Capacchione,L.(1989): *The Creative Journal:The Art of Finding Yourself*. New Castle Publishing Co., Inc.

Gardner,H.(1993): *Multiple Intelligences:the theory in practice*. Basic Books.（黒上晴夫監訳〈二〇〇三〉多元的知能の世界――MI理論の活用と可能性・日本文教出版）

Halprin, D. (2003): *The Expressive Body in Life, Art and therapy:working with movement*. Jessica Kingsley Publishers.

Herman,J.L.(1993): *Trauma and Recovery*. Basic Books.（中井久夫訳〈一九九九〉心的外傷と回復 増補版・みすず書房）

Kirschenbaum, H. & Henderson,V. L. Edited (1989): *The Carl Rogers Reader*. Hoghton Mifflin..（伊東博・村山正治監訳〈二〇〇一〉ロジャーズ選集――カウンセラーなら一度は読んでおきたい厳選三三論文上・下・誠信書房）

Knill, P.J.,Barba, H.N. & Fuchs, M.N. (1995): *Minstrels of soul: Intermodal Expressive Therapy*. Palmerston Press.

Levine, S.K. & Levine, E.G. Edited(1999): *Foundations of Expressive Arts Therapy: Theoretical and clinical Perspectives*. Jessica Kingsley Publishers.

Levine, S.K. (1992): *Poiesis:The language of Psychology and the Speech of the Soul*. Palmerston Press.

Lowen, A. (1990): *The spirituality of the body: bioenergetics for grace and harmony*. Macmillan.（村本詔司・国永史子訳〈一九九四〉からだのスピリチュアリティ・春秋社）

Malchiodi,C.A. Edited (2005): *Expressive Therapies*. The Guilford Press.

Maslow,A.H. (1966): *The psychology of Science:a reconnaissance*. Harper & Row.（早坂泰次郎訳〈一九七一〉可能性の心理学・川島書店）

McNiff,S. (1981): *The Arts and psychotherapy*. Charles C. Thomas.

McNiff,S. (1992): *Arts as Medicine: Creating a Therapy of the Imagination.* Shambhala Publications Inc.
Moustakas,C. (1981): *Rhythms, Rituals and Relationship.* Center for humanistic Studies.（國分康孝・國分久子訳〈一九九二〉人間存在の心理療法．誠信書房）
Moustakas,C. (1972): *Loneliness and Love.* Prentice Hall,Inc.（片岡康・東山紘久訳〈一九八四〉愛と孤独．創元社）
村山正治編（二〇〇三）ロジャーズ派の現在．現代のエスプリ別冊
OldhamJ.,Key,T.& Starak,I.Y.(1978): *Risking Being Alive.* Oldham,Key,Starak&PIT Publishing.（岡野嘉宏訳〈一九九二〉ゲシュタルト・セラピー――自己への対話．社会産業教育研究所）
Rogers,C.R. (1961): *On Becoming a Person: a therapist's view of psychotherapy.* Houghton Mifflin Company.
Rogers,C.R. (1970): *Carl Rogers on Encounter Groups.* Harper &Row, publishers, inc.（畠瀬稔・畠瀬直子訳〈一九七三〉エンカウンター・グループ――人間信頼の原点を求めて．ダイヤモンド社）
Rogers,C.R. (1980): *A Way of Being.* Houghton Mifflin Company.
Rogers,N. (1980): *Emerging Woman: a decade of midlife transitions.* Personal Press.（柘植明子監修・秋山恵子ほか訳〈一九八八〉啓かれゆく女性――中年期における変革の十年．創元社）
Rogers,N. (1993): *The Creative connection: Expressive Arts as Healing.* Science & Behavior Books, Inc.（小野京子・坂田裕子訳〈二〇〇〇〉表現アートセラピー――創造性に開かれるプロセス．誠信書房）
Rubin,J.A.Edited(1987): *Approaches to Art Therapy:Theory and Technique.* Brunner/Mazel, Inc.（徳田良仁監訳〈二〇〇一〉芸術療法の理論と技法．誠信書房）
Rubin,J.A. (1999): *Art Therapy :an introduction.* Brunner/Mazel.
Samuels,M. & Lane,M.R.(1998): *Creative Healing.* Harper San Francisco.
関則雄ほか編（二〇〇二）アート×セラピー潮流．フィルムアート社
Silverstone,L. (1993): *Art Therapy The Person-Centered Way.* Jessica Kingsley Publishers.
Stone,H. & Winkelman,S. (1989): *Embracing Ourselves:The Voice Dialog Manual.* New World Library.
竹内敏晴（一九八八）ことばが劈《ひら》かれるとき．筑摩書房
徳田良仁・大森健一・飯森眞喜雄・中井久夫・山中康裕監修（一九九八）芸術療法一・二．岩崎学術出版社

あとがき

早いもので、私が初めて表現アートセラピーと出会ってから十五年以上が経とうとしています。でもそのとき受けた衝撃は、いまだに忘れることができません。こんなにも自由に自分を表現する方法があったこと、人のなかにこんなにも豊かな世界があることに驚愕しました。私自身この本のなかに登場する方々のように、言葉で語ることが苦手でした。言葉で語ることのもどかしさ、語りきれない悔しさを味わっていました。表現アートセラピーで自分を表現するうちに自分の核心や個性を実感し、自分の言葉を取り戻すプロセスは、そのまま私自身のプロセスでもあります。まだまだ言葉が足りないかもしれませんが、表現アートセラピーを読者の皆さんに本書を通してご紹介できることをとてもうれしく思います。

私自身は、とても欲張りな性格のようで、今までいろいろな療法にかかわり、学んできました。ゲシュタルトセラピー、イメージワーク、いろいろなボディワーク、ヴォイス・ダイアログ、ユング派夢分析、箱庭療法、フォーカシングなどなど。学んできたことがすべて私の内で結びつき、表現アートセラピーのなかで生かされています。欲張りな私を大きな枠で支えてくれるのが表現アートセラピーといえるでしょう。とても大きな枠を提供してくれるだけに、まだまだこれからも学び続けていく必要を感じています。

表現アートセラピーをやっていてほんとうによかったと思うのは、表現する場に自分の身を常に置けることです。また、セラピーに参加される方々から、「こんなに楽しく表現したことはなかった。思ってもいない発見ができた。心から安心できる場だった」というフィードバックをもらうときです。そして回を重ねるごとに参加者の方々が、お互いのアート作品により共感的になり、深い心の交流が生まれる様子を目にすることができることです。これにまさる喜びはありません。自他の内界の豊かさを互いに分かち合うときに、争いは起こりません。おりしもイギリスでのテロ被害の悲報に接し、心が痛みます。アート表現を通して自他の豊かさを味わい尊重することで、少しでも争いが減り、平和な世界に近づけることを願ってやみません。

今まで私を支え、励まし、教えをいただいた多くの方々に心より感謝いたします。また本書に事例として掲載することを快く承諾してくださった、クライエントやセラピーの参加者の皆様にもこの場を借りて心より御礼申し上げます。表現アートセラピー研究所の活動を支えてくださっている先生方やスタッフ、アシスタントの皆さんにも心から感謝いたします。最後に本書の出版を可能にしてくださった、誠信書房の皆様とスタッフの方にも深く御礼申し上げます。

なお本書のAさんの事例に関しては、人間性心理学会誌に発表したものに加筆させていただきました。またナタリー・ロジャーズの経歴について、また日本でのワークショップの様子については、現代のエスプリ『ロジャーズ派の現在』に掲載されたものを簡略化し、加筆いたしました。

これから表現アートセラピーがどんな発展を遂げていくかが楽しみです。そしてこれからまたいろいろな方たちと表現アートを通して出会っていくのを楽しみにしています。

平成十七年七月十一日

小野京子

あとがき――第6刷にあたって

早いもので私が初めて表現アートセラピーと出会って三十年以上が経っています。この本を出版してから十七年が経ちました。今「表現アートセラピーとは何か」と問われたら、私の答えは「人を生き生きとさせ、魂の輝きを引き出してくれるもの」です。人はもともと生き生きとしていて魂が輝いているものですから、本来の自分を思い出させてくれるものということになります。私たちは皆アーティストです。本来自分を表現する存在です。

表現アートセラピーがますます社会のニーズに応えられる時代となりました。今までと同じことをしていては解決できない課題が多く生まれています。現在の課題は、ＳＤＧｓやコロナ感染症です。さまざまな問題に対して創造性を発揮する必要があります。また自分の個性を発揮して、自分の内側から外側へ発信することが大切な時代となりました。その時代の要請に応えられるのが、表現アートセラピーだと確信しています。

表現アートセラピーをどんな人々に提供するかによって用いるエクササイズが異なります。本書で紹介しているエクササイズは、心理的に健康な人向きのものです。精神科クリニックや高齢者、一般向けなど様々な現場でのエクササイズ、実施上の注意点などは、別の本（『癒しと成長の表現アートセラピー』岩崎学術出版社）に書きましたので、そちらも合わせてお読みください。この二冊の本は、大学の表現アートセラピー関連科目の教科書となっています。皆様の健康と成長を祈りつつ筆をおきます。

令和四年二月二十二日

小野京子

著者紹介

小野　京子（おの きょうこ）

1976年　日本女子大学文学部教育学科卒業
1978年　日本女子大学大学院家政学研究科児童学専攻修士課程修了
1989年　米国カリフォルニア州立ソノマ大学大学院心理学専攻修士課程修了
2003年　ヨーロッピアン・グラジュエート・スクール　アドバンススタディ修了
2010～2014年　英国イーストアングリア大学 Education and Lifelong Learning 博士課程在学
現　在　臨床心理士，国際表現アートセラピー学会認定表現アートセラピスト，表現アートセラピー研究所代表，NPO アートワークジャパン理事長，日本女子大学前特任教授，元神奈川大学大学院非常勤講師，元立正大学非常勤講師
著　書　『アート × セラピー潮流』（共著）フィルムアート社　2002，『新しい芸術療法の流れ　クリエイティブ・アーツセラピー』（共著）フィルムアート社　2008，『癒しと成長の表現アートセラピー』岩崎学術出版社　2011
訳　書　ナタリー・ロジャーズ著『表現アートセラピー』（共訳）誠信書房　2000，『パーソンセンタード・アプローチの最前線』（共訳）コスモス・ライブラリー　2007，ショーン・マクニフ著『芸術と心理療法』誠信書房　2010，他

表現アートセラピーに関するお問い合わせは，表現アートセラピー研究所までお寄せください。
　表現アートセラピー研究所
　メールアドレス　exa@hyogen-art.com
　ホームページ　http://www.hyogen-art.com

表現アートセラピー入門
――絵画・粘土・音楽・ドラマ・ダンスなどを通して

2005年9月5日　第1刷発行
2022年3月20日　第6刷発行

編　者　小 野 京 子
発行者　柴 田 敏 樹
印刷者　西 澤 道 祐

発行所　株式会社　**誠 信 書 房**
〒112-0012　東京都文京区大塚3-20-6
電話　03 (3946) 5666
http://www.seishinshobo.co.jp/

印刷／あづま堂印刷　製本／協栄製本
検印省略　落丁・乱丁本はお取り替えいたします
ISBN978-4-414-40024-3 C1011　Printed in Japan

芸術と心理療法

創造と実演から表現アートセラピーへ

S. マクニフ 著　小野京子 訳

多様なアート表現を統合的に用いる「表現アートセラピー」という療法の真髄を伝える革新的な内容の書。視覚的なアートセラピーから始めて，すべての芸術に関心を向けて心理療法で統合的にもちいる。分析的な芸術療法と違って，表現や表現のプロセス自体を重視する創造的な芸術療法。芸術と関わるセラピストが自分自身アート表現の力と芸術の深さを体験する，体験しつづけることが重要だとしている。

目　次

第１章　不滅のシャーマン
第２章　動機づけと欲求
第３章　表現を妨げるもの
第４章　準備
第５章　話し言葉と書き言葉
第６章　体の動き，ダンス，身体
第７章　音と音楽
第８章　視覚イメージ
第９章　ドラマ
結　論

A5判上製　定価（本体3800円+税）

表現アートセラピー

創造性に開かれるプロセス

N. ロジャーズ 著　小野京子・坂田裕子 訳

「表現アートセラピー」とは，絵画，ダンス，音楽などのさまざまなアートを自在に組み合わせ，人間が本来もつ内的な成長プロセスを育む統合的な独自のアプローチであり，その適用は多様な場面で可能性をもつ。本書はその理論と実際を事例やエクササイズも豊富にまじえ，わかりやすく示す。

目次

1 全体にいたる道
　――パーソン・センタード表現アートセラピー
2 創造性の促進
3 探求の開始
4 クリエイティブ・コネクション (1)
　――ムーブメントと書くこと
5 クリエイティブ・コネクション (2)
　――アート，音楽，瞑想
6 クライエントと共に用いる表現アート
7 表現アートの応用
8 影の受容と光の抱擁
9 アートによる霊性の発見
10 異文化交流のかけ橋
11 未来のための創造性と意識

A5判上製　定価（本体4500円＋税）